이 책은 예수 그리스도가 누구이며 어떤 일을 하셨는지를 밝히는 데 가장 중요한 세 가지 사건, 즉 '죽음', '매장' 그리고 '부활'을 다룬다. 크레이그 에번스는 1장에서 예수님의 죽음의 역사성과 의미를, 2장에서는 매장의 역사성과 그 의미를 다룬다. 이 책의 차별성은 매장에 대한 논의에 있다. 예수에 대한 논의에서 매장은 죽음과 부활에 비하여 소홀히 취급되어 왔다. 저자는 십자가에 달려 죽은 예수께서 매장되었다는 사실이 왜 중요한지를 설득력 있게 피력한다. 3장은 톰 라이트의 『하나님의 아들의 부활』이라는 방대한 연구서에 대한 요약이라 할 수 있다. 그의 학문적 공헌 중 제일은 부활의 역사성에 대한 강고한 회의주의를 무너뜨린 것이다. 이 책은 예수 그리스도께 대한 우리의 믿음에 역사적 근거를 제공해 주며, 각각의 사건이 가지는 신학적, 실천적 의미를 밝혀 준다.

김영봉 와싱톤사귐의교회 담임목사, 『시편의 사람』 저자

예수의 부활은 기독교 신앙의 출발점이다. 그러나 예수 부활의 역사성에 종종 의심의 그림자가 드리워진다. 안 믿는 자들에게는 물론이고 믿는 자들에게도 부활은 껄끄러운 걸림돌이 되기도 한다. 『우리 주 예수의 마지막 날들』은 이러한 신앙의 난제에 도전하며 예수 부활의 역사성과 의미를 확실하게 논증한다. 이를 위해, 예수의 죽음과 매장 그리고 예수의 부활로 펼쳐지는 새로운 세상에서의 사명을 명징하게 한다. 이 책은 예수의 부활이 예수를 죽인 불의한 세상의 실패이며 하나님의 승리라는 놀라운 사실을 확신하게 하여, 부활 신앙을 갖고 이 역사 속에서 새로운 삶을 향해 나아가도록 한다. 이 책의 목적이 교회와 학계의 간극을 메우려는 것인 만큼 예수에 대한 궁금증과 믿음을 가진 모든 사람들에게 추천할 만하다.

김호경 전 서울장로회신학교 신약학 교수, 『예수가 하려던 말들』 저자

성경의 '역사와 신학의 관계'에 대한 논의는 줄곧 그것을 논의하는 시대의 분위기와 지적 배경에 의해 제한되기 마련이다. 그중에서도 예수의 죽음, 매장, 부활이 실제로 일어났는가 그리고 그 사건이 지니는 의미는 무엇인가 하는 질문은 기독교 신앙의 근본에 해당하는 질문임에도 어느 한쪽을 희생하면서 다른 쪽을 강조하는 방식으로 진행되곤 했다. 성경의 역사와 신학, 특히 예수 사건의 역사성과 의미 모두를 붙잡으려는 독자들에게 이 책은 매우 흥미롭고 유익할 것이다. 역사적 예수 연구에 탁월한 업적을 남긴 두 신약학자가 당시 유대인들과 로마 제국의 정치적 배경과 문화적 관습 그리고 관련 고고학적 증거들과 대화하며, 예수의 죽음, 매장, 부활에 관한 성경 저자들의 증언을 지지하고 있기 때문이다. 짧은 책이지만 독자들이 흔히 접해 보지 못했을 풍성한 정보와 통찰이 담겨 있다. 대가의 솜씨로 역사와 신학 사이를 넘나들지만 한자리에서 다 읽을 만큼 재미있는 책이다. 무엇보다 내가 그러했던 것처럼, 독자들이 이 두 사람에게 설득당하리라 확신한다.

정성국 아신대학교 신약학 교수, 『고난과 하나님의 선교』 공저자

우리 주 예수의 마지막 날들

IVP(InterVarsity Press)는
캠퍼스와 세상 속의 하나님 나라 운동을 지향하는
IVF(InterVarsity Christian Fellowship)의 출판부로
생각하는 그리스도인을 위한 문서 운동을 실천합니다.

Chapters 1 and 2 © 2009 Craig A. Evans
Chapter 3 © 2009 Nicholas Thomas Wright
All other material © 2009 Westminster John Knox Press

Published in the United States of America by Westminster John Knox Press in 2009 as *Jesus, the Final Days: What Really Happened*

Published in Great Britain in 2008 as *Jesus, the Final Days* by the Society for Promoting Christian Knowledge, 36 Causton Street, London, SW1P 4ST

All rights reserved.

This Korean edition is translated and used by permission of Westminster John Knox Press, Seoul, Republic of Korea.

This Korean Edition © 2025 by Korea InterVarsity Press,
156-10 Donggyo-ro, Mapo-gu, Seoul 04031, Republic of Korea.

이 책의 한국어판의 저작권은
Westminster John Knox Press와 독점 계약한 IVP에 있습니다.
신 저작권법에 의하여 한국 내에서 보호받는 저작물이므로
무단 전재와 무단 복제를 금합니다.

우리 주
예수의
마지막 날들

역사적 예수의 죽음,
매장, 부활에 관한
최소한의 지식

**크레이그 에번스
톰 라이트**

최현만 옮김

Ivp

차례

서문   9
약어   13

1장   죽음의 외침   크레이그 에번스   15

예수님의 죽음의 실제성 | 예수님이 죽임당한 이유 | 예수님은 자신의 죽음을 예견하셨을까? | 예수님의 재판 | 유월절 사면 제안 | 예수님이 받은 조롱 | 예수님의 십자가형 | 예수님의 죽음 | 신학적 함의 | 더 읽을거리

2장   무덤의 침묵   크레이그 에번스   71

유대인의 매장 관습 | 매장의 필수성 | 로마 시대의 매장에 관한 고고학적 증거 | 로마 세계에서 처형된 범죄자의 매장과 비매장 | 예수님의 매장 | 요약 | 더 읽을거리

3장　부활의 놀라움　톰 라이트　119

고대 세계의 '부활' 언어 | 부활 이야기에 관한 역사적 연구의 방법론과 광기 | 초기 기독교의 부활 이야기에서 독특한 점들 | 복음서 부활 이야기의 네 가지 이상한 특징 | 그렇다면 실제로 무슨 일이 일어났으며, 우리는 그것을 어떻게 알 수 있는가? | 더 읽을거리

고대 문헌 찾아보기　　167
주제, 인명, 지명 찾아보기　　176

일러두기
본문에 인용한 성경 구절은 개역개정을 기본으로 하며, 다른 역본을 사용한 경우에만 표시하였습니다.

서문

성경과 신학 문제를 다룰 때면 빈번하게 드러나듯이 학계와 교회, 이 둘 사이의 간극은 큽니다. 유감스럽게도 간극이 극심한 경우가 종종 있습니다. 학계는 단지 사고, 논쟁, 정신적 고찰만을 위한 곳으로 여겨져서 흔히 상아탑으로 불립니다. 이와 대조적으로 교회는 예배, 전도, 신앙 형성, 기도에서 볼 수 있듯이 기독교 신앙의 실천이나 실행이 이루어지는 장소로 여겨집니다. 이러한 분리와 이분법은 각 기관의 일부 당사자에 의해 강화되는 실제적인 측면이 있지만, 그것은 인위적인 것에 지나지 않습니다. 이는 여러 세대에 걸쳐 교회와 학계가 이루어 낸 풍성하고 다양한 기여를 반영하지 않으며, 둘 다 정통적이며 성육신적인 기독교 신앙을 유지하고 증진하는 데 얼마나 중요한 역할을 했는지도 반영하지 않습니다. 오늘날 필요한 것은 그리스도인들이 상호 유익을 위한 장을 계속해서 만들어 가는 것입니다. 교회와 학계가 제공하는 최선의 것들이 대화와 배움과 하나님의 영광을 위한 사역 안에서 서로 통합될 수 있는 장이 필요합니다.

이 짤막한 책을 구성하는 세 편의 글은 크라이튼 대학에서 열린 '교회와 학계를 위한 심포지엄 연속 강연'(the Symposium for Church and Academy lecture series)에서 시작되었습니다. 교회와 학계를 위한 더 큰 심포지엄의 책임자로서 나는 이 연속 강연을 만들고 발전시켰습니다. 그 목적은 앞에서 언급한 간극이나 분리를 해소하고, 크라이튼 대학의 성경 및 신학 학부와 지역 교회들 간에 상호 유익과 공동 사역을 위한 언약 관계를 수립하는 것이었습니다. 연속 강연에 적합한 강사로 고려한 자격은, 성경이나 신학 분야에서 세계적으로 인정받는 명성을 지닌 일류 학자이면서 기독교 교회의 복음 사역에 깊은 헌신과 참여가 입증된 인물이었습니다. 다행히도 이 새로운 시리즈의 첫 번째 강연자로 톰 라이트(2003)와 크레이그 에번스(2004)가 초청을 수락했고, 그 뒤를 고든 피(Gordon Fee), 맥시 더넘(Maxie Dunnam), 데니스 홀린저(Dennis Hollinger) 같은 인사들이 이어 주었습니다.

이 책은 크레이그의 강연 두 편(각각 예수의 죽음과 매장에 관한 강연)과 톰의 강연 중 한 편(예수의 부활에 관한 강연)으로 구성되었으며, 각각은 더 넓은 층의 독자들이 읽을 수 있도록 수정되었습니다. 두 강연 주제 모두 예수의 생애에 초점을 맞추었기에 선정된 강연들은 자연스럽게 어울렸습니다. 이 책의 글들은 예수의 생애라는 주제를 넘어서 공통된 초점이나 목적을 공유합니다. 두 저자 모두 실제로 일어난 일이 (혹은 어떤 경우에는 실제로 일어났을 가능성이 가장 높은 일이) 무엇인지 추론하기 위해 관련 증거를 검토하여 역사적 관점에서 예수의 생애 속 사건들을 살펴봅니다. 크레이그와 톰은 대부분의 그리스도인들과 마찬가지로 실제로 일어난 일을 파악하는 일이 기독교 신앙의 타당성에 매우 중요하다는 사실을 인정합니다.

마지막으로 이 글들은 예수의 죽음, 매장, 부활과 관련된 역사적 사안들을 분별하려고 시도하기에 부득이 변증적인 요소도 공유합니다. 변증학을 다루는 것이 저자들의 주된 목적은 아니지만, 특정 사건과 관련된 역사적 쟁점을 철저히 평가하는 작업에는 기존의 다른 역사적 이론이나 주장을 검토하는 것이 필수적으로 포함되며, 이 책도 예외는 아닙니다. 그래서 저자들은 예수의 삶에서 일어난 이 사건들에 관하여 가능한 한 역사적으로 정확하게 서술하도록 노력하면서, 때때로 그들의 발견을 강화하는 현재의 이론을 확인해 주기도 하고, 역사적 타당성이 부족한 가설이나 주장을 드러내기도 할 것입니다.

이 책은 신약성경, 예수 또는 후기 제2성전기 유대교를 연구하는 학계에도 도움이 되겠지만, 일차적으로 겨냥한 독자층은 그보다 더 넓습니다. 우리는 이런 학문 분야 외에 다른 전문 분야를 연구하는 학자들뿐만 아니라 이 주제에 관심이 있는 비전문가, 목회자, 학부 또는 대학원 학생을 염두에 두었습니다. 이 책이 학계와 교회 모두에서 읽히고, 생각과 성찰과 배움 그리고 온전한 신앙 생활을 위한 자극이 되길 바랍니다.

이러한 기획에는 당연히 엄청난 지원과 지도가 필요합니다. 먼저 '교회와 학계를 위한 심포지엄'이라는 비전을 지원해 준 크라이튼 대학의 지도부에 감사의 말을 전하고 싶습니다. 그리고 톰과 크레이그가 참여한 연속 강연에 재정 지원을 해 준 테네시주 서부 성공회 교구와 월버포스 교육 재단, 트리니티 침례 교회(테네시주 코르도바), 그리고 크라이튼 대학에도 고마움을 표해야겠습니다. 이 책을 준비하는 과정 전체를 도와준 웨스트민스터 존 녹스 출판사(Westminster John Knox Press)의 편집자 필립 로(Philip Law)에게도 감사하고, 색인 작업을 도와준 제자 네이선 브래스필드(Nathan Brasfield)에게도 고마움을 전합니다. 마지막으로 톰 라이트와 크레이그 에번스에게 감사의 마음을 전하고 싶습니다. 그들은 강사와 저자로서 이 기획에 참여해 주었을 뿐만 아니라 친절과 겸손, 우정을 보여 주었습니다. 예수님에 대한 당신들의 믿음은 말로 표현할 필요가 없이 보이고 들립니다.

트로이 밀러(Troy A. Miller)
2008년 부활절
테네시주 멤피스

약어

1 Macc	『마카베오1서』(*1 Maccabee*)
2 Bar	『바룩2서』(*2 Baruch*)
2 Macc	『마카베오2서』(*2 Maccabees*)
4 Macc	『마카베오4서』(*4 Maccabees*)
Ant.	요세푸스의 『유대 고대사』(Josephus's *Jewish Antiquities*)
Augustus	수에토니우스의 『아우구스투스의 생애』(Suetonius's *Life of Augustus*)
b. Megillah	바빌로니아 탈무드, 『메길라』(Babylonian Talmud, *Megillah*)
b. Qiddushin	바빌로니아 탈무드, 『키두쉰』(Babylonian Talmud, *Qiddushin*)
Caligula	수에토니우스의 『칼리굴라의 생애』(Suetonius's *Life of Caligula*)
CIL	『라틴어 비문 모음집』(*Corpus Inscriptionum Latinarum*)
Hist. Alex.	쿠르티우스 루푸스의 『알렉산드로스 대왕의 역사』(Curtius Rufus's *History of Alexander*)
Hist. Eccl.	에우세비우스의 『교회사』(Eusebius's *Ecclesiastical History*)
In Flaccum	필론의 『플라쿠스 반박』(Philo's *Against Flaccus*)

J.W.	요세푸스의 『유대 전쟁사』(Josephus's *Jewish War*)
Jub.	『희년서』(*Jubilees*)
Lev. Rab.	『레위기 랍바』(*Leviticus Rabbah*)
m. Pesahim	미쉬나, 『유월절』(Mishnah, *Pesahim*)
m. Sanhedrin	미쉬나, 『산헤드린』(Mishnah, *Sanhedrin*)
Mek.	『메킬타』(*Mekilta*)
Mor.	플루타르코스의 『모랄리아』(Plutarch's *Moralia*)
Nat. Hist.	대 플리니우스의 『박물지』(Pliny the Elder's *Natural History*)
P.Florence	피렌체 파피루스(Florence Papyri)
P.Louvre	루브르 파피루스(Louvre Papyri)
Pompey	플루타르코스의 『폼페이우스의 생애』(Plutarch's *Life of Pompey*)
Ps.-Manetho	위 마네토(Pseudo-Manetho)
Ps.-Philo, Bib. Ant.	위 필론의 『성경 고대사』(Pseudo-Philo's *Biblical Antiquities*)
Ps.-Quintilian	위 퀸틸리우스(Pseudo-Quintilian)
Qoh. Rab.	『코헬렛 랍바』(*Qoheleth Rabbah*)
Sipre Num.	시프레, 『민수기』(Sifre, Numbers)
t. Menah.	탈무드, 『소제』(Talmud, *Menahot*)
T. Moses	『모세의 유언』(*Testament of Moses*)
Verr.	키케로의 『베레스 반박』(Cicero's *In Verrem*)
y. Moe'ed Qatan	예루살렘 탈무드, 『모에드 카탄』(Jerusalem Talmud, *Moe'ed Qatan*)

1장
죽음의 외침

크레이그 에번스

기독교 교회의 신조 혹은 신앙고백은 사도신경으로, 3세기에 형성된 것으로 보입니다. 잘 알려진 신조는 다음과 같습니다.

나는 전능하신 아버지 하나님,
천지의 창조주를 믿습니다.
나는 그의 유일하신 아들, 우리 주 예수 그리스도를 믿습니다.
그는 성령으로 잉태되어
동정녀 마리아에게서 나시고,
본디오 빌라도에게 고난을 받아
십자가에 못 박혀 죽으시고 장사되셨고,
하데스에 내려가셨다가
사흘 만에 죽은 자 가운데서 다시 살아나셨으며,
하늘에 오르시어
전능하신 아버지 하나님 우편에 앉아 계시다가,
거기로부터 살아 있는 자와 죽은 자를 심판하러 오십니다.
나는 성령을 믿으며,
거룩한 공교회와
성도의 교제와
죄를 용서받는 것과
몸의 부활과
영생을 믿습니다. 아멘.

이 신조의 핵심은 중간 부분에서 찾아볼 수 있습니다. 그 부분은 예수님에 관해 "본디오 빌라도에게 고난을 받아 십자가에 못 박혀 죽으시고 장사되셨고, [하데스에 내려가셨다가] 사흘 만에 죽은 자 가운데서 다시 살아나셨[다]"라고 말합니다. 사도신경의 이 부분은 기독교 신앙에 대한 훨씬 더 초기의 진술들을 바탕으로 요약한 것으로, 신약성경 자체에서 많이 찾아볼 수 있습니다. 1세기 중반에 기록된 한 사례가 사도 바울이 쓴 편지에 있습니다. 바울은 복음에 관한 이야기를 하면서 다음과 같이 단언합니다. "내가 받은 것을 먼저 너희에게 전하였노니, 이는 성경대로 그리스도께서 우리 죄를 위하여 죽으시고 장사 지낸 바 되셨다가 성경대로 사흘 만에 다시 살아나사, 게바에게 보이시고 후에 열두 제자에게 보이셨[다]"(고전 15:3-5).

이 책은 이 신조의 세 가지 핵심 요소인 예수님의 죽음, 매장, 부활에 대해 다룹니다. 이 중에서 가장 자주 의심과 공격을 받는 것은 세 번째 요소인 예수님의 부활에 관한 믿음입니다. 이 사실에 놀랄 사람은 없을 것입니다. 하지만 최근 들어 첫 두 요소, 즉 예수님의 죽음과 매장에 대한 역사적 실제성에 이의를 제기하는 것이 상당히 유행하고 있습니다.

이 책의 저자들은 사도신경의 배후에, 기독교 운동의 신앙적 주장의 배후에는 역사가 있다는 확고한 신념을 가지고 있습니다. 예수님의 죽음과 매장, 부활은 단순한 신학적 개념이 아니라 신앙을 일깨우고 이후 신학적 탐구를 촉발한 실제 사건들입니다. 첫 번째 장에서는 아이러니하게도 처음에는 신앙을 일깨우기보다는 오히려 신앙을 약화시켰던 예수님의 죽음을 면밀히 살펴보겠습니다.

예수님의 죽음의 실제성

종교적이든 비종교적이든 어떤 성향을 지녔든 진지한 역사가 중에 나사렛 예수가 1세기에 실제로 살았고 유대와 사마리아의 지방 총독인 본디오 빌라도의 권한 아래 처형되었다는 사실을 의심하는 사람은 없습니다. 이 사실이 학자들 가운데서는 상식처럼 여겨지지만, 대중에게는 당연하지 않을 수도 있습니다. 역시나 계속해서 이의가 제기됩니다. 사실, 최근에는 예수님이 실제로 처형되지 않으셨고 로마 총독과 다른 몇몇 사람의 도움을 받아 죽음을 위장한 후 이집트로 도망갔다고 주장하는 기이한 견해를 재탕한 책이 나오기도 했습니다. 이러한 주장을 뒷받침하는 증거로 40년 전 예루살렘의 어떤 집 밑에서 발견되었다고 알려진 아람어로 쓰인 두 통의 편지가 있다고 합니다. 이름을 밝힐 수 없는 한 수집가가 이 기록들을 조심스럽게 보존했다는데, 그 사람이 살고 있는 도시도 알려 줄 수 없다고 합니다. 물론 이런 허구의 저자나 이 편지들의 소유자는 정작 아람어를 읽지 못하며, 고대 문헌을 검증할 전문 지식도 가지고 있지 않습니다. 안타깝게도 이 시나리오가 완전히 엉터리라는 사실을 오늘날 많은 독자들이 인식하지 못하고 있습니다.

예수님의 죽음은 신약성경과 초기 기독교의 모든 문헌에서 확언될 (혹은 적어도 전제될) 뿐만 아니라, 초기 유대인과 로마 작가들도 증언하는 사실입니다. 1세기 유대인 역사가요 변증가이자 로마에 대해 치명적이었던 반란(주후 66-70년)의 생존자인 요세푸스는 예수님이 유대 지도자들에게 고발되어 빌라도에 의해 십자가형을 선고받았다고 진술합니다(*Ant.* 18.63-64). 로마 역사가인 타키투스는 "그리스도가…총독 본디오 빌라도의 선고를 따라 티베리우스 황제의 치세 동안에 사형을 당했다"고 기록합니다(*Annals* 15.44). 타키투스가 빌라도의 지위를 더 높게 표기하는 실수[빌라도는 지방 총독(procurator)이 아닌 도시 총독(prefect)이었다]를 저지르긴 했지만, 그의 간결한 요약은 요세푸스의 책과 기독교의 복음서들에 나오는 내용과 일치합니다. 사모사타의 루키아노스(Lucian of Samosata)는 잠시 어울렸던 페레그리누스(Peregrinus)와 그리스도인들을 조롱하듯 언급하면서 예수님을 "팔레스타인에서 십자가형을 당한 사람"이라고 말합니다(*Passing of Peregrinus* §11; 참조. §13 "십자가에 못 박힌 소피스트"). 끝으로, 시리아 사람 마라 바르 세라피온(Mara bar Serapion)은 1세기 말엽 아마도 그의 아들에게 보낸 편지에서 유대인의 "지혜로운 왕" 예수의 죽음을 언급합니다.

예수님의 죽음이 실제였다는 또 다른 확실한 증거 중 하나는 정작 예수님의 추종자들은 그분의 죽음을 기대하지 않았다는 단순한 사실입니다. 예수님이 자신에게 임박한 고난과 죽음을 언급하셨을 때, 제자들의 대변인이었던 베드로는 스승을 몰아세우고 책망했습니다(막 8:31-33). 이 사실은 베드로가 예수님의 죽음을 예상하지 못했다는 분명한 증거입니다. 그렇다면 그들은 무엇을 기대했을까요? 그들은 예수님의 오른편과 왼편에 앉기를 기대했습니다. 즉, 예수님이 이스라엘의 새로운 정부를 세우실 것을 기대했습니다(마 19:28; 막 10:35-40; 눅 22:28-30). 하나님의 나라(혹은 통치)가 시작되었고 사탄의 지배는 끝날 것이라고 믿었습니다(막 1:15; 3:11, 22-27; 눅 10:17-19; 11:20). 그런데 이런 큰 그림에 어떻게 하나님이 선택하신 분의 순교가 어울릴 수 있었겠습니까?

예수님의 죽음은 예수님의 첫 추종자들에게는 정말로 당혹스러운 일이었습니다. 바울이 "내가 복음을 부끄러워하지 아니하노니"(롬 1:16)라고 선언했을 때, 그 배후에 넌지시 깔려 있는 것이 이러한 당혹감입니다. 로마 세계의 사고방식에서는 신의 아들이나 영웅 혹은 구원자가 십자가 위에서 죽는 일은 없었습니다. 당시 예수님의 죽음에는 그리고 확실히 고대 로마의 끔찍한 상징이었던 십자가에는 감상적인 요소라곤 전혀 없었습니다. 도대체 이런 이야기 중 어떤 측면에 '좋은 소식'('복음'이라는 단어의 의미)이라는 이름을 붙일 수 있을지는 유대인과 이방인 모두에게 전혀 분명하지 않았을 것입니다. 실제로 예수님이 처형되지 않으셨다면, 예수님이 십자가에 못 박히지 않으셨다면, 그런 터무니없는 이야기를 지어낼 이유가 전혀 없었습니다.

예수님의 죽음은 허구가 아닙니다. 그것은 엄연한 역사적 현실이었습니다. 그것은 비그리스도인에게도 알려진 사실이었습니다. 또한 교회가 로마 제국 전역을 돌아다니며 예수님을 구원자요 하나님의 아들로 선포했으니, 그 사건은 예수님의 추종자들에게 적어도 초기에는 사기를 꺾는 사건이요 계속해서 곤혹스러운 사건이었을 것입니다. 예수님이 처형되었다는 사실에 의심을 제기할 여지가 없었습니다. 그런데 예수님은 왜 죽임당하셨을까요?

예수님이 죽임당한 이유

예수님이 왜 처형되었는지, 예수님이 왜 그토록 심각한 반대에 부딪혔는지 그 이유를 모르는 사람이 많습니다. 그것은 그리스도인도 마찬가지입니다. 사람들은 예수님이 죽임을 당한 이유에 대해 그가 선한 사람이어서라고, 또는 위선적인 바리새인들이 그를 두려워해서라고 말합니다. 하지만 이건 말도 안 되는 이야기들입니다. 신약성경의 복음서들은 예수님의 생애 마지막 부분에 그를 처형하게 만든 여러 역사적 요인을 보여 주지만, 그 가운데 예수님이 선하신 분이었다거나 그분이 바리새인과 다투셨다는 내용은 없습니다.

예수님이 사람들의 반대를 촉발한 첫 번째 이유는 그분의 지상 사역 마지막 주 초반에 예루살렘에 입성한 방식 때문이었습니다. 예수님은 "찬송하리로다, 오는 우리 조상 다윗의 나라여! 가장 높은 곳에서 호산나!"라는 사람들의 외침 속에 나귀를 타고 거룩한 성에 들어가셨습니다(막 11:1-10). 예수님이 이런 방식으로 예루살렘에 입성한 것은, 그로부터 천 년 전 자신의 왕권을 선포하는 과정의 일환으로 아버지 다윗왕의 노새를 탔던 솔로몬을 의도적으로 모방한 것입니다(왕상 1:32-40). 이는 또한 장차 겸손한 왕이 오실 것이라는 고대 예언에 대한 응답이기도 했습니다(슥 9:9). 이런 예수님의 행위는 장차 오실 다윗의 자손에 관한 소망을 상기시켰을 뿐 아니라 군중의 반응 역시 그에 대한 동일한 대중의 해석을 반영하고 있었습니다. 그들이 외친 호산나는 시편 118편을 암시하는 것으로 '주의 이름으로' 성전에 오시는 이분이 다름 아닌 다윗임을, 즉 이스라엘의 왕이요 통치자가 될 운명을 지닌 인물임을 선언하는 것이었습니다(아람어 의역에 따르면 118:19-27을 보라). 이러한 사건은 이스라엘의 왕이 카이사르가 아닌 예수님이라는 것을 명백하게 암시합니다. 따라서 예루살렘 입성의 첫 순간부터 예수님은 로마 권력과의 충돌 과정에 돌입한 것이었습니다.

예수님이 반대에 부딪힌 두 번째 이유는 성전 경내 혹은 성전 지경 안에서 그분이 벌인 행위 때문이었습니다. 잘 알려진 그분의 행위는 제물의 매매와 교환을 중단시켰고, 그분의 말씀은 매우 곤혹스러운 표현으로 당시 성전의 고위 제사장들에게 도전을 가했습니다(막 11:15-18).

"기록된 바
'내 집은 만민이 기도하는 집이라 칭함을 받으리라'고 하지 아니하였느냐?
하지만 너희는 강도의 소굴을 만들었도다."
(17절, 개역개정 수정)

이 말씀의 첫 부분은 이사야 56:7을 인용한 것으로, 먼 곳에서 온 이방인과 유대인을 비롯한 만민이 예루살렘에 와서 환영받을 날을 예언하는 구절의 일부입니다. 만민이 이스라엘의 하나님을 예배할 것입니다. 하나님은 그들의 선물을 기꺼이 받으시고 그들의 기도를 들으실 것입니다. 이 신탁의 내용은 당시 유대인들에게는 새로울 게 없었는데, 성전의 본래 목적을 반영한 것으로, 성전 봉헌 때 솔로몬이 드렸던 기도에서도 확인할 수 있습니다(왕상 8:41-43). 예수님의 성전 정결 행위와 이사야의 예언을 언급하면서 던지신 그분의 질문은 성전의 권력자들이 그들의 소명을 따라 사는 데 실패했다는 생각을 드러냅니다. 성전은 만민을 위한 기도의 처소가 되지 못했습니다. 도리어 '강도의 소굴'이 되었습니다. 이 두 번째 부분에서 예수님은 선지자 예레미야가 당시 성전 체제를 통렬하게 비판했던 것을 암시합니다(렘 7:11). 예레미야는 하나님이 성전을 파괴하실 것이라고 경고했었습니다. 예수님의 이 비판적이고 모욕적인 언사를 듣고 고위 제사장과 서기관, 장로들은 몹시 불쾌했을 것입니다.

예레미야 7장을 바탕으로 분노에 찬 설교를 한 사람이 곤란에 처할 수 있다는 사실은 요세푸스에 의해 입증됩니다. 요세푸스는 아나니아의 아들 예수라는 사람의 이야기를 들려줍니다. 그는 주후 62년부터 도시 예루살렘과 그 도시의 이름난 성전의 운명에 관한 예언을 하기 시작했습니다. 나사렛 예수와 마찬가지로 아나니아의 아들 예수도 성전 경내에서 예레미야 7장을 언급했습니다(Josephus, *J.W.* 6.300-305; 참조. 렘 7:34). 그런데 이 후대의 예수는 운이 좋았습니다. 나사렛 예수와 달리 아나니아의 아들 예수는 (그를 사형에 처하라는 종교 지도자들의 요구에도) 처형당하지 않고 풀려났습니다. 하지만 7년 후에는 그의 운도 다해서, 예루살렘 포위 공격 때 성벽 위로 날아온 투석기 돌에 맞아 사망했습니다.

예수님이 반대에 부딪힌 세 번째 이유는 그분이 말한 포도원 비유 때문이었습니다(막 12:1-12). 예수님은 대제사장들과 그 지지자들이 제기한 질문에 간접적인 답변으로 이 비유를 들려주셨습니다. 그들은 예수님에게 무슨 권위로 성전 경내에서 그런 일을 하는지 알려 달라고 요구했습니다(막 11:27-33). 예수님의 비유는 이사야의 포도원 비유를 기초로 삼았다는 사실만으로도 문제가 되지만 그 비유가 이스라엘이 공의를 저버렸다는 이유로 임박한 심판을 경고하는 내용이라서 더욱 문제가 되었습니다(사 5:1-7). 대제사장들에게 예수님의 비유가 유독 거슬렸던 이유는 이사야의 이 비유가 일차적으로 성전 체제를 비판한 것으로 이해되었기 때문입니다. 이러한 관점은 이사야 5장의 아람어 의역이나 후대 랍비들의 해석 그리고 주전 1세기경의 문서로 보이는 쿰란 두루마리(4Q500) 등에서 확인할 수 있습니다. 예수님의 주장은 명백했습니다. 고위 제사장들이 하나님께 반역했기 때문에 심판에 직면하게 된다는 것입니다. 그러한 점은 특별히 하나님 자신의 아들을 살해하려는 그들의 음모에서 확인됩니다. 이 위협은 앞서 예레미야 7장을 인용했을 때 암시된 위협과 함께, 예수님을 죽이려는 고위 제사장들의 시도에 불을 붙였습니다.

예수님이 반대에 부딪힌 네 번째 요인은 무명의 여인이 향유를 부은 사건이었습니다(막 14:3-9). 오랫동안 주해가들은 이 사건을 여인 편에서 행한 메시아적 기름 부음으로 해석하기를 꺼리고, 대신 오늘날의 성탄절 미슬토 전통(mistletoe: 성탄절 장식용

나무인 미슬토 아래에서 키스를 하면 사랑이 이루어진다는 전통—옮긴이)과 유사한 유월절 기름 붓기였다고 제안합니다. 학자들의 이러한 경향은 아마도 예수님은 자신을 메시아적 관점에서 이해하지 않으셨다는 일부의 잘못된 가정 때문일 것입니다. 이 이상한 견해는 최근 심각한 도전을 받았는데, 특히 쿰란에서 발견된 두루마리에서 비롯됩니다(4Q521). 그 두루마리에는 메시아가 나타나면 일어날 치유 사역들이 나오는데, 그 사역들은 세례 요한이 옥에 갇히고 낙담한 채 질문했을 때 그에 대한 답변으로 예수님이 자신의 사역을 요약한 내용과 매우 유사합니다(마 11:2-6; 눅 7:18-23). 이 중요한 발견 이후로 이제 학자들은 복음서들이 늘 말해 왔던 내용, 즉 예수님이 자신을 이스라엘의 메시아로 이해하셨다는 사실을 긍정하는 데 더 열린 자세를 취합니다. '예수님이 자신을 메시아로 생각하지 않으셨다면, 그 정체성이 왜 그렇게 널리 퍼져 있었는가'에 대한 질문이 회의적인 학자들에게 충분히 인식되지 않은 듯합니다.

이 사건에서 중요한 점은 그 여인이 예수님에게 향유를 부은 직후 가룟 유다가 자기 스승을 배신하기 위해 떠난다는 사실입니다(막 14:10-11). 이름이 명시된 제자는 배반했고 이름이 없는 여인은 헌신했다는 이 두 사실 사이의 대조는 자주 언급되어 왔습니다. 이는 분명 문학적 기법이기도 합니다. 그러나 이 여인의 행동이 가룟 유다와 거래한 고위 제사장들에게 보고되었을 가능성이 매우 높다는 점을 종종 간과합니다. 가룟 유다는 예수님의 사적인 기도 장소를 고위 제사장들의 관리와 폭력배들에게 안내해 주고 대가를 받았을 뿐만 아니라, 예수님이 가르치신 내용이 무엇인지, 그의 추종자들이 예수님을 어떻게 대했는지 등의 정보도 제공했을 것입니다. 그 여인이 예수님에게 향유를 부은 사건은 그냥 지나치기에는 너무 중요했을 것이며, 예수님을 죽여야 할 더 큰 동기를 부여했을 것입니다.

결국 유대 권력자들이 예수님을 살해하려 한 것은 그분이 선한 사람이었기 때문이 아니라, 그분이 매우 심각한 정치적 위협으로 인식되었기 때문입니다. 하나님의 통치에 관한 그분의 메시지는 기존 질서를 위협했고, 고위 제사장들은 기존 질서가 전복되는 것을 원하지 않았습니다. 예수님은 기름 부음을 받은 다윗의 자손으로 예루살렘에 입성하셨고, 성전 경내에서 자신이 메시아적 권세를 가진 것처럼 권위를 행사하셨으며, 성전의 목적을 솔로몬의 성전 봉헌을 떠올리게 하는 방식으로 언급하면서 자신이 왕임을 암시하셨습니다. 또한 실제로 적어도 추종자 중 한 사람에게 기름 부음까지 받으셨으니, 그 기름 부음은 십중팔구 메시아적 의미를 지닌 것으로 해석되었을 것입니다. 따라서 분노에 찬 대제사장이 예수님에게 단도직입적으로 "네가 찬송받을 이의 아들 그리스도냐?"고 물은 것도, 로마 관리가 십자가 위 죄패에 "이 자는 예수, 유대인의 왕이다"라고 적은 것도 전혀 놀랄 일이 아닙니다.

예수님은 자신의 죽음을 예견하셨을까?

예수님의 재판과 처형을 조사하기에 앞서 우리가 반드시 던져야 할 질문이 있습니다. 예수님은 과연 자신의 죽음을 예견하셨을까요? 그렇지 않으셨을 것이라고 주장하는 일부 비판적인 학자들이 있습니다. 그들은 예수님이 자신의 죽음을 뜻밖으로 여기셨거나 혹은 그저 폭동에 휘말렸다가 다른 사람들과 함께 체포되신 것일 뿐이라고 주장합니다. 나는 이러한 주장이 복음서의 역사적 해석으로는 그다지 개연성이 없다고 생각합니다. 거기에는 몇 가지 이유가 있습니다.

분명한 출발점은 예수님이 말씀하신 자신의 고난과 죽음에 관한 공식적인 예언들입니다(예를 들면, 다른 본문들 가운데서도 막 8:31; 9:31; 10:32-34). 물론, 비판적 학자들 다수는 이 수난 예고들이 실제 사건이 일어난 후의 예언, 소위 사후 예언(*vaticinia ex eventu*)이라고 주장합니다. 이 예언들이 일정한 형식을 가지고 있으며 실제로 결국 예수님에게 발생한 일이 무엇인지 알고 있음을 암시하는 (조롱과 침 뱉음과 채찍질을 당하는 것과 같은) 세부 내용을 담고 있다는 사실은 인정해야 합니다. 하지만 이 수난 예고들이 편집되었다거나 실제 예수님에게 일어난 일에 비추어 추가로

양식화되었다는 점을 인정한다 해도, 그것이 실제로 예수님이 자신의 죽음을, 구체적으로는 십자가형을 예견하지 않으셨다는 의미는 아닙니다. 공식적인 수난 예언 외에 예수님이 정말로 자신의 고난과 죽음을 예견하셨다는 사실을 암시하는 증거에는 무엇이 있을까요?

첫째, 세례 요한의 끔찍한 운명이 예수님에게 깊은 인상을 주었기 때문에 예수님이 자신의 죽음을 예상하셨을 가능성이 높다고 생각합니다(마 11:2-15; 막 6:14-29; 9:13). 자신과 한편이었던 세례 요한에게 닥친 운명이 자신에게도 찾아올지 모른다는 생각을 예수님이 전혀 하셨을 리 없다고 생각하는 것이 더 이상합니다. 실제로 예수님은 직접 요한과 자신을 비교하고 결론을 스스로 내렸을 수도 있고 이에 대해 언급하셨을 가능성도 있습니다. 예수님은 그 실제 표현과 맥락을 해석하기 쉽지 않은 한 말씀에서 세례 요한에 대해 '왔지만' 존중받지 못한 엘리야라고 말씀하십니다. 이미 자신의 사역을 요한의 사역과 직접 연결하셨던 예수님은 이 말 속에서 자신을 요한에 빗댐으로써, 요한과 같은 운명이 자신을 기다리고 있음을 암시하신 것입니다. 그 역시 "많은 고난을 받고 멸시를 당할" 것입니다(막 9:11-13). 따라서 요한을 처형한 것은 분명 예수님에게도 같은 일이 일어날 수 있음을 암시했습니다.

둘째, 예수님이 자신의 죽음을 예상하셨다는 가능성을 뒷받침하는 인상적인 증거는 겟세마네의 장면입니다. 여기서 우리는 겁에 질린 예수님이 얼굴을 땅에 대고 엎드려 하나님께 고난의 잔을 거두어 달라고 간청하시는 모습을 볼 수 있습니다(막 14:33-36). 이것은 경건한 소설이나 교리의 내용이 아닙니다. 사실 이 장면은 요한복음 17장이 묘사하는 고요한 예수님의 모습과 극명하게 대조됩니다. 요한복음 17장의 예수님은 평화롭게 하나님과 대화하시고 제자들을 위해 기도하시며 나중에 자신을 따를 모든 사람을 위한 기도까지 덧붙이십니다.

겟세마네 장면이 강력한 증거가 되는 이유는, 예수님이 하신 말씀과 겁에 질린 행동이 이전에 그분이 했던 가르침과 팽팽하게 대립하기 때문입니다. 이전에 예수님은 제자들에게 "자기 십자가를 지고" 나를 따르라고 가르치셨습니다(막 8:34). 그런 가르침에 비추어 보면, 겟세마네 장면이 견고하고 신뢰할 만한 목격자의 증언에 근거하지 않았다면 어떤 식으로 이런 이야기가 유포되고 복음서 전승으로 편입되었는지 설명하기가 어렵습니다. 그 이야기가 사실이 아니라면, 예수님의 정체성에 심각한 위협을 주었을 내용이기 때문입니다.

셋째, 만일 예수님이 자신의 죽음을 예상하셨다면, 그분이 살아 계신 동안 자신의 죽음에 담긴 의미를 찾으려 하셨을 것이라고 기대할 수 있습니다. 실제로 그랬습니다. '성찬 제정사'로 널리 증언된 말씀(막 14:22-25; 고전 11:23-25; 디다케 9:1-5)은 예수님이 자신의 죽음을 예견하셨으며 그것의 의미를 이해하려고 하셨다는 추가적인 증거를 제공합니다. 그분의 말씀은 여러 중요한 성경 본문(출 24:8; 렘 31:31; 슥 9:11)을 암시합니다. 예수님은 자신의 피 흘림에서 언약과 하나님 나라의 보증이란 의미를 발견하십니다. "새 언약"(눅 22:20) 같은 표현에서 보듯이 누가가 '새'(new)라는 표현을 추가한 것은 의미를 명료하게 하려는 기독교의 편집을 반영한 것일 수도 있지만, 예수님 말씀의 의미를 정확하게 포착한 것일 가능성이 높습니다. "새 언약"은 오래전 선지자가 한 약속을 떠올리게 합니다. "보라 날이 이르리니 내가 이스라엘 집과 유다 집에 새 언약을 맺으리라"(렘 31:31). 새 언약은 하나님의 아들, 이스라엘의 메시아가 흘리신 피를 통해서만 맺어질 수 있습니다.

의로운 사람의 죽음에 구원의 효력이 있다는 생각은 유대 세계에 그리 드물지 않았으며, 그 점은 일반적으로 지중해 세계에서도 마찬가지였습니다. 의인의 죽음이 하나님의 백성을 이롭게 한다거나 심지어 그들을 구원한다는 믿음을 표현한 사례가 몇몇 있습니다(예를 들면, 마카베오1서 6:44; 마카베오4서 1:11; 17:21-22; 18:3-4; *T. Moses* 9-10; Ps.-Philo, *Bib. Ant.* 18:5). 가장 중요한 본문 중 하나가 마카베오 순교자들이 당한 고문과 죽음에 관한 전승입니다. 그들은 주전 2세기에 시리아 독재자인 안티오코스 4세에 용감하게 맞섰습니다. "살아 계신 우리 주께서 우리를 꾸짖어 훈육하려고 잠시 우리에게 화를 내셨지만, 그분은 그분의 종들인 우리와 다시 화해하실 것이다.…나는 형들과 마찬가지로 우리 조상들의 율법을 지키기 위해 내 몸과 내 생명을 바치고, 우리 민족에게 속히 자비를 보여 달라고,…우리 민족 전체에 내리셨던 전능하신 분의 진노를 **나와 내 형제들로 말미암아** 거두어 달라고 간청하겠다"(마카베오2서 7:33, 37-38, NRSV, 저자 강조). 마찬가지로 예수님도 자기 백성이 그분의 메시지를 거절한 것 때문에 하나님이 그들에게 화가 나셨다고 믿으셨습니다. 우리는 이런 점을 그 도시 예루살렘을 두고 예수님이 슬피 우신 장면(눅 19:41-44; 마 23:37-39 = 눅 13:34-35)과 스가랴 13:7에 나오는 하나님이 치실 목자에 대한 불길한 암시에서 확인할 수 있습니다.

만일 예수님이 자신의 죽음을 예견하셨다면, 과연 그분이 자신의 부활도 예견하신 것인지 물을 수 있겠습니다. 그분이 자신의 죽음 이후에 다시 살아날 것을 예견하지 않으셨다면 그것은 매우 이상한 일일 것입니다. 왜냐하면 많은 경건한 유대인이 부활을 강하게 믿었기 때문입니다(단 12:1-3; 에녹1서 22-27; 92-105; *Jub.* 23:11-31; 마카베오4서 7:3; 에스라4서 7:26-42; 바룩2서 21:23; 30:2-5; Josephus, *J.W.* 2.154, 165-66; *Ant.* 18.14, 16, 18). 이 시점에서 마카베오서에 나온 순교당한 일곱 형제와 그들의 어머니를 떠올려 볼 수 있습니다. 그들 중 몇몇은 부활에 대한 확신을 표현했습니다(마카베오2서 7:14, 23, 29; 참조. 마카베오4서 8-17). 예수님이 죽음에 직면하셨을 때, 이전에 이미 부활에 대한 믿음을 천명하셨던(막 12:18-27) 그분이 자신의 신원에 대한 믿음도 표현하지 않으셨을까요? 당연히 표현하셨을 것입니다. 예수님은 자신의 제자들에게 (그리고 자신에게) 부활에 대한 확신을 주기 위해 부활을 예고하셨을 것입니다.

"사흘 만에 살아나야 할 것"(막 8:31), 그리고 다른 복음서들의 "제삼일에"(마 16:21; 눅 9:22; 참조. 고전 15:4)와 같은 예수님의 말씀은 아마도 이스라엘의 갱신을 약속한 호세아의 예언을 암시하는 듯합니다.

"여호와께서 이틀 후에 우리를 살리시며,
   셋째 날에 우리를 일으키시리니,
   우리가 그의 앞에서 살리라."(호 6:2)

하지만 이 구절은 아람어 전승을 통해 변형되어 전달됩니다. "**장차 올 위로의 날에** 그가 우리를 살리실 것이다. **죽은 자의 부활의 날에** 그가 우리를 일으키시리니 우리가 그의 앞에서 살 것이다"(호 6:2, 탈굼을 따른 번역, 강조된 부분은 히브리어 원문과 비교해서 다른 부분임). 이 번역은 (히브리어 본문에 담긴 정확한 원래 의미는 아닌) 부활의 의미를 드러내기 위해 의역되었을 뿐만 아니라, "위로의 날"이라는 표현을 사용해 메시아적 함의를 드러냅니다(참조. 아람어 삼하

23:1). 예수님의 말씀과 아람어 전승 사이의 일관성은 놀랍습니다.

하나님이 자신을 일으키실 것이라는 예수님의 확신은 그분이 정말로 자신의 죽음을 예상하셨음을 나타내는 추가적인 증거입니다. 예수님의 부활에 관한 더 많은 내용은 다음 3장에서 다룰 것입니다.

예수님의 재판

예수님의 재판은 19세기 이후에 뜨거운 논의 주제였고, 그 논의는 종종 기독교의 반(反)유대주의와 관련되곤 했습니다. 어떤 학자는 예수님의 재판이 전적으로 로마의 사건이라고 주장했고, 반면 다른 학자는 대체로 유대인의 일이라고 단언했습니다. 오늘날 학자들은 대부분 예수님의 재판에 유대와 로마의 권력층이 둘 다 연루된 것으로 인정하며, 이는 옳은 판단입니다.

신약성경의 사복음서는 모두 유대 권력층과 로마 권력층 앞에 선 예수님의 모습을 담고 있는데, 이 두 집단은 어느 정도 협력한 것으로 보입니다. 마가복음에 따르면, 예수님은 고위 제사장들과 서기관들, 장로들의 통솔하에 움직이는 사람들에게 체포당하시고(14:43-50), 대제사장에게 호송되셨습니다(14:53). 그 후에 유대 권력층이 '대제사장의 집 뜰'에 모였는데(14:54), 이 사실은 (물론 추론에 불과하지만) 이러한 과정이 가야바의 집에서 일어났음을 암시합니다. 고위 제사장들과 공회는 예수님에게 불리한 증언을 확보하려 했습니다(14:55-56). 예수님이 성전을 위협하셨다는 증언을 포함해 여러 가지 혐의를 받습니다(14:57-58; 참조. 13:1-2). 예수님이 자신이 참으로 하나님의 아들 메시아며 권능자의 우편에 앉을 것이라고 고백하자 그들은 예수님에게 신성모독 혐의를 씌워 사형에 해당한 자로 정죄합니다(14:61-64). 다음 날 아침 유대 권력층은 유대와 사마리아 지방의 로마 총독이었던 빌라도에게 예수님을 데려갑니다(15:1). 빌라도는 예수님에게 질문을 던지고("네가 유대인의 왕이냐?"), 당시 총독의 권한이었던 전통적인 '유월절 사면'의 일환으로 예수님을 석방할 것을 제안합니다(15:2-14). 하지만 군중은 바나바를 풀어 주고 예수님을 사형에 처하라고 요구했고, 그리하여 빌라도는 예수님을 십자가에 못박히게 넘겨줍니다(15:15).

이 사건들에 더 살을 입히는 독특한 요소들이 다른 복음서에 등장합니다. 마태복음에 추가된 눈에 띄는 내용은, 빌라도의 아내가 자신이 꾼 뒤숭숭한 꿈을 총독에게 전하면서 "저 옳은 사람에게 아무 상관도 하지 마옵소서"라고 경고했다는 언급입니다(27:19). 마태가 전해 주는 빌라도 앞에서의 재판은 빌라도가 자신의 손을 씻으며 "이 사람의 피에 대하여 나는 무죄하다"라고 선언하고(27:24), 그 선언에 백성이 "그 피를 우리와 우리 자손에게 돌릴지어다!"라는 불길한 응답을 하는 것(27:25)으로 마무리

됩니다. 빌라도 앞에서의 재판에 관한 누가의 묘사에는 더 두드러지는 몇 가지 요소가 있습니다. 예수님은 카이사르에게 공물이나 세금 바치는 것을 금지하고(23:2) 백성을 선동했다(23:5)는 혐의로 고발당하십니다. 또한 누가복음의 저자는 헤롯 안티파스가 예수님을 만난 사건 그리고 빌라도와 헤롯 사이에 맺어진 새로운 친구 관계 같은 흥미로운 이야기를 추가합니다(23:6-12). 누가는 또한 예수님의 무고함을 특히 강조합니다(23:20-25). 무고한 예수님을 살인자 바라바와 극명하게 대조하는데, 군중은 이 바라바를 놓아주라고 요구합니다.

예수님의 재판, 특히 빌라도 앞에서의 재판은 네 번째 복음서에서 매우 독특하게 묘사됩니다. 예수님은 체포된 후, 당시 대제사장인 가야바의 장인이자 전임 대제사장이었던 안나스에게 끌려갑니다(요 18:12-13). 심문받을 때는 맞기도 합니다(18:22-23). 그 후에는 가야바에게 보내지고(18:24), 거기서 다시 로마의 관정으로 이송됩니다(18:28). 이 부분에서 요한복음은 가야바와 예수님 사이의 어떤 심문이나 대화도 언급하지 않는다는 점이 공관복음서와 눈에 띄게 차이가 납니다. 하지만 요한복음에 나오는 예수님에 관한 재판 기록에서 가장 두드러진 점은 빌라도와 예수님 사이의 대화입니다(18:29-38). 이 대화에서 예수님은 자신의 나라가 "이 세상에 속한 것이 아니니"라고 선언하시고(18:36), 빌라도는 "진리가 무엇이냐?"라고 묻습니다(18:38). 신학적 관점에서 볼 때 가장 중요한 부분은 아마도 유대 권력층에게는 아무런 처형 권한도 없다는 법적 사실에 대한 강조일 것입니다(18:31-32). 이 사실은 십자가형이 일어나야 했음을 (그리고 그 결과로 예수님이 '들려져야' 했음을; 참조. 12:32) 설명해 줍니다. 그뿐 아니라 이는 변증적 목적을 가지고 있었을 수 있으며, 예수님이 로마 당국에 처형당했다는 당혹감을 완화시키는 역할을 했을 것입니다.

예수님의 재판은 신약성경의 다른 곳에서도 잠시 언급됩니다. 베드로는 오순절 설교에서 예수님에 관해 "하나님께서…큰 권능과 기사와 표적을 너희 가운데서 베푸사 너희 앞에서 그를 증언하셨느니라. 그가 하나님께서 정하신 뜻과 미리 아신 대로 내준 바 되었거늘, 너희가 법 없는 자들의 손을 빌려 못 박아 죽였다"(행 2:22-23)라고 언급합니다. 여기서 "너희"는 유대인들을 가리키지만(참조. 행 2:14), "법 없는 자들"은 로마 당국을 가리키는 것이 확실합니다. 베드로는 이 점을 성전 설교에서도 다시 한번 언급하는데, 이번에는 동족 유대인들을 다음과 같이 고발합니다. "하나님이 그의 종 예수를 영화롭게 하셨느니라. 너희가 그를 넘겨주고, 빌라도가 놓아 주기로 결의한 것을 너희가 그 앞에서 거부하였으니…너희가…생명의 주를 죽였도다"(행 3:13-15). 베드로의 고발에는 예수님을 심문하고 판결하는 데 유대와 로마 권력자들이 공모했다는 사실이 전제되어 있습니다(이것은 맞는 이야기입니다). 이와 같은 내용은 사도행전에 또다시 나옵니다. 그것은 어찌하여 세상이 음모를 꾸미며 여호와와 그의 기름 부음 받은 자를 대적하느냐고 묻는 시편 2편을 해석하는 부분에서입니다. 사도들은 기도하는 와중에 "과연 헤롯과 본디오 빌라도는 이방인과 이스라엘 백성과 합세하여 하나님께서 기름 부으신 거룩한 종 예수를 거슬러…행하려고 이 성에 모였나이다"라고 선언합니다(행 4:27-28). 이 주제는 바울이 설교한 것으로 되어 있는 부분에서도 감지됩니다. "예루살렘에 사는 자들과 그들 관리들이… 죽일 죄를 하나도 찾지 못하였으나, 빌라도에게 죽여 달라 하였다"(행 13:27-28). 또한 목회서신 중 하나의 저자는 독자들을 권면할 때 "만물을 살게 하신 하나님 앞과, 본디오 빌라도를 향하여 선한 증언을 하신 그리스도 예수 앞에서"라고 말합니다(딤전 6:13).

복음서를 보면 예수님은 감람산에 있는 겟세마네라 불렸던 장소에서 기도하는 중에 비밀리에 체포되셨습니다. 마가는 예수님을 체포한 사람들을 가리켜 "대제사장들과 서기관들과 장로들에게서 파송된 무리가 검과 몽치를 가지고 와서"라고 기술합니다(14:43; 참조. 요 18:3: "대제사장들과 바리새인들에게서 파송된 경비병들과 한 떼의 군인들"). 이 무리가 예수님이 있는 장소를 알 수 있었던 것은 가룟 유다가 준 정보도 있었지만, 가룟 유다가 직접 그들을 예수님이 계신 곳으로 인도했기 때문입니다(막 14:10-11, 43-45). 이러한 세부 사항(고위 제사장이 보낸 사람들이 무장했다는 점, 제사장이 뇌물을 주었다는 점)은 모두 요세푸스의 기록으로 대체로 입증됩니다. 요세푸스는 1세기에 가장 유력한 제사장들이 이와 유사한 조치를 취했다는 사실을 알려 줍니다[참조. Josephus, *Ant.* 20.205-7 ("완전히 깡패였던 하인들"), 213 ("자신의 부를…뇌물로 활용하고"); *t. Menah.* 13.18-19, 21 ("그들의 종들이 와서 몽치로 우리를 때렸다")].

예수님이 체포당하신 후 정확히 어디로 이송되셨는지는 불분명합니다. 마가는 예수님이 대제사장에게 끌려가셨다고 말하지만(14:53; 눅 22:54도 이 내용을 따릅니다), 이 제사장의 이름은 나오지 않습니다. 마태는 그가 가야바라고 밝힙니다(26:57). 제4복음서 저자의 언급으로 인해 상황은 더 복잡해지는데, "먼저 안나스에게로 끌고 가니, 안나스는…가야바의 장인이라"고 말합니다(요 18:13a). 실제로 "그해", 즉 예수님이 처형당하신 해에 재임했던 것은 안나스의 사위였음에도 불구하고(18:13b), 요한복음은 안나스를 "대제사장"이라고 부릅니다(18:19). 제4복음서에서 안나스는 예수님을 취조한 후에 가야바에게 보냅니다(18:24). 공관복음서 저자들은 이 안나스와 예수님의 만남을 몰랐거나 생략한 것입니다.

유대 당국 앞에서 이어진 예수님에 대한 조사는 두 가지 측면, 즉 성전을 위협했다는 혐의와 예수님의 정체성에 대한 주장에 초점을 맞췄습니다. 먼저, "우리가 그의 말을 들으니 '손으로

지은 이 성전을 내가 헐고 손으로 짓지 아니한 다른 성전을 사흘 동안에 지으리라' 하더라"는 증인의 말(막 14:58)은 예루살렘과 그곳의 성전에 임박한 심판에 관한 예수님의 예언을 암시합니다. 예수님은 성전 정결 행위(막 11:17)와 포도원 비유(막 12:1-12)를 통해 이 점을 암시하시고, 한 예언(13:1-2)에서는 이를 확인하십니다. 따라서 이 증언이 완전히 거짓은 아니며, 예수님은 분명히 이런 취지의 말씀을 하셨습니다(또한 요 2:19을 보라). 그런데도 그 증언이 거짓인 이유는, 예수님이 경고하신 것은 **하나님이 내리시는 심판**이었지, **예수님 자신이 내리시는 심판이 아니었기** 때문입니다. 예수님 자신에게는 예루살렘 성전을 파괴하고 다시 세울 계획이 없었습니다. 오히려 그분의 경고는 자기 백성이, 특히 고위 제사장들이 회개하지 않는다면 하나님이 성전을 파괴하실 것이라는 의미였습니다.

유대 공의회 앞에서의 심문은 예수님의 고백을 정점으로 극적으로 마무리됩니다. 대제사장은 예수님에게 "네가 찬송받을 이의 아들 그리스도냐?"(막 14:61)라고 물었습니다. 앞서 살펴보았듯이 대제사장에게는 이런 질문을 던질 만한 충분한 이유가 있었습니다. 예수님의 예루살렘 입성과 군중들의 외침, 성전 경내에서 그분의 대담한 행동 그리고 그분이 기름 부음을 받았다는 보고 등은 모두 그분이 자신을 메시아로 이해하고 계신다는 사실을 보여 줍니다. 심지어 그분의 치유와 축귀 사역은 유명한 솔로몬왕에 관한 놀라운 이야기들과 비교될 수 있었습니다. 대제사장의 질문에 예수님은 대담하게 답하셨습니다.

"내가 그니라.
'인자가 권능자의 우편에 앉은 것'과
'하늘 구름을 타고 오는 것'을 너희가 보리라." (14:62)

예수님의 대답은 심판과 관련된 구약성경의 두 구절을 결합한 것입니다. '인자'와 '하늘 구름을 타고 오는 것'이란 표현은 다니엘 7:13에서 가져온 것이고, '권능자의 우편에 앉은 것'이란 표현은 시편 110:1에서 인용한 것입니다. 다니엘 7장과 시편 110편은 둘 다 하나님의 대적들이 심판받을 장면을 묘사하고 있습니다. 우리 현대인의 귀로는 예수님 주장에 담긴 대담함을 제대로 인식하지 못할 수 있지만 대제사장은 그것을 분명하게 인식하고 그것을 근거로 예수님을 단죄했습니다. 예수님은 자신이 하나님의 기름 부음 받은 아들이라고 대담하게 주장하셨을 뿐만 아니라 대제사장이 마치 하나님의 원수인 것처럼 자신이 그를 심판하는 자리에 앉을 것이라고 암시하셨기 때문입니다. 그러니 예수님의 대담한 답변에 대한 반응으로 신성모독이라는 외침과 사형에 처하라는 요구가 뒤따랐다는 사실은 그리 놀랍지 않습니다(14:63-65).

그날 아침, 유대 당국자들은 회의를 열고 예수님을 로마 총독 빌라도에게 보내기로 결정했습니다. 이제 다음 차례는 빌라도의 법정입니다. 그것이 유대 통치자들의 결정이었습니다. 이 시점 이후 그들이 할 수 있는 것은 옆에서 응원하거나 야유하는 것뿐입니다. 그런데 빌라도 앞에서 벌어진 예수님의 재판을 살펴보기에 앞서, 확실하게 해 두어야 할 것이 하나 있습니다. 그것은 예수님의 유죄 판결과 사형에 대해 유대 민족을 비난해서는 절대 안 된다는 것입니다. 그런 비난은 나쁜 신학일 뿐만 아니라 나쁜 역사입니다. 역사적으로 말하자면, 예수님을 정죄한 것은 극소수의 유력한 유대인 남성들이었습니다. 민족 전체가 그분을 정죄한 것이 아닙니다. 같은 날 나중에 예수님을 십자가에 처형하라고 외친 사람들도 비교적 소수에 불과했습니다. 신학적으로 말하자면, 예수님이 죽으신 것은 인류 전체의 죄를 위해서였습니다. 그런 의미에서는 우리 모두가 그분을 십자가로 내몬 것입니다. 어떤 한 특정 민족이 비난받아서는 안 됩니다. 이제 빌라도에 대해 알아보겠습니다.

사복음서 모두에 따르면 빌라도가 예수님을 심문한 초점은 예수님이 자신을 유대인의 왕으로 내세웠다는 혐의에 맞춰져 있습니다(막 15:2; 마 27:11; 눅 23:3; 요 18:33). 예수님이 "유대인의 왕"으로 십자가형을 당하셨다는 사실로 볼 때, 이 혐의는 확정된 듯합니다(막 15:18, 26 그리고 다른 복음서들의 병행 구절들). 그런데 이러한 칭호는 신앙고백이든 아니든 그리스도인들이 만들어 낸 것이 아니라는 주장이 설득력 있게 제기되었습니다. 그리스도인들은 예수님을 메시아(또는 그리스도), 하나님의 아들, 주님, 구원자로 여겼지, '유대인의 왕'으로 여기지는 않았습니다. 그 칭호는 로마 공의회가 헤롯 대왕에게 수여한 것이었습니다(참조. Josephus, *J.W.* 1.282; *Ant.* 14.36; 15.373, 409; 16.291).

일반적인 상황이었다면 빌라도는 그런 말썽꾼을 처형하는 데 크게 망설이지 않았을 것입니다. 하지만 그날은 유대인의 명절 중에서도 가장 거룩한 날인 유월절의 전날이었습니다. 설상가상으로 유월절은 하나님이 자기 백성을 외세의 속박에서 구원하신 사건을 기념하는 날이었습니다. 빌라도는 자기가 지배하는 사람들의 생활 양식을 알았기에, 이러한 연관성도 알아챘을 것이 확실합니다. 빌라도에게 자신과 로마의 힘을 과시하려는 욕망이 없지는 않았겠지만, 그 지역의 총독으로서 자신의 지위와 팍스 로마나(로마의 평화)를 유지하기 위해 가끔은 더 섬세한 감각이 필요했습니다. 정말로 그는 인기 있는 예언자이자 치유자인 인물을 유월절 전날, 예루살렘 성벽 바로 밖에서 처형하고 싶었을까요? 매질이나 투옥으로도 충분했을 것입니다. 그런데 군중이 그것을 스스로 결정하도록 한 것입니다.

유월절 사면 제안

사복음서는 모두 빌라도의 이른바 유월절 사면을 기록하고 있습니다(막 15:6-15; 마 27:15-23; 눅 23:18-25; 요 19:10-12). 이 사면 전통의 역사성에 의문을 던지는 비판적인 학자도 일부 있지만, 허위라는 사실이 쉽게 들통날 가짜 전통을 사복음서 저자 모두가 사용했을 가능성은 낮습니다. 게다가 로마나 다른 지역의 관리들이 특별한 날에 죄수를 사면했다는 확실한 다른 기록들이 존재합니다. 이를테면 로마 역사가 리비우스(Livy, 주전 25년경)는 죄수가 사면되었던 특별한 경우를 언급합니다("Books from the Foundation of the City," 5.13.8). 유대와 사마리아 지방의 분봉왕으로 새롭게 임명된 헤롯의 아들 아르켈라오스는 대중의 요구 때문에 마지못해 많은 죄수를 풀어 주었습니다(Josephus, *Ant.* 17.204). 요세푸스는 또한 이전에 헤롯이 다스렸던 왕국 전체의 총독이었던 알비누스(Albinus, 주후 62-64년)가 직위에서 물러날 때 많은 죄수를 풀어 주었다고 말하는데, 이것은 오늘날 퇴임을 앞둔 대통령이 특별 사면을 시행하는 것과 유사합니다. 주후 85년의 것으로 보이는 한 공식 문서에는 "당신의 죄는 채찍질에 해당한다.…하지만 나는 당신을 군중에게 넘기겠다"라는 기록이 있습니다(*P.Florence* 61). 이 사례에서 로마 관리는 (종종 십자가형의 사전 단계였던) 채찍질을 하지 않고 죄수를 석방합니다. 약간 다른 사례에서 트라야누스 황제 치세 때(주후 110년경) 비두니아(소아시아)의 총독이었던 소(小) 플리니우스(Pliny the Younger)는 범죄자 사면을 언급하는데, 이 조치로 "이 사람들은 지방 총독들이나 하급 관리들에게 탄원한 결과로 사면되었다"(*Epistles* 10.31)라고 합니다. 마지막으로 유대인의 구전 율법을 편집해 출간한 미쉬나(주후 200년경)에 따르면, 유월절에 "그들이 감옥에서 풀어 주겠다고 약속한…사람을 위해 (유월절 어린양을) 도살할 수 있다"라는 내용이 있습니다(*m. Pesahim* 8:6).

이런 증거들을 종합하면, 적어도 한 명의 헤롯가 왕뿐만 아니라 로마의 통치자들도 때때로 죄수를 사면했던 것입니다(지중해 동부의 다른 통치자들이 사면을 단행했다는 것도 확실합니다). 이런 사면은 군중의 요구를 충족시키고 그들의 환심을 사려는 순전히 정치적인 이유로 시행되었습니다. 따라서 빌라도의 유월절 사면은 그의 기민한 정치적 본능을 보여 주는 사건이지, 그의 정치적 나약함이나 인간적 친절함을 보여 주는 사건이 아닙니다. 유월절 사면은 그 위대한 유대인의 절기를 로마가 존중한다는 것을 보여 주기 위한 의도였으며, 사실상 "속박에서 해방된 날을 여러분이 기념하는 것에 맞추어, 우리는 여러분이 누구를 선택하든 그 사람을 해방할 것이다"라는 의미였습니다. 유월절 사면 전통을 통해 빌라도는 예수님의 운명에 대한 책임을 그를 고발한 자들에게 떠넘길 기회를 얻었습니다. 그들이 예수님의 죽음을 그토록 절실하게 원한다면, 판결을 내리는 책임을 그들에게 지우면 되는 것입니다. 빌라도는 비겁한 사람도, 원칙주의자도 아니었습니다. 그는 영리한 사람이었습니다.

유월절 사면의 역사성을 뒷받침하는 또 다른 요소는, 애초에 그런 관습이 없었다면 그러한 조치를 제안했을 법하지 않다는 점입니다. 만약 빌라도가 유월절이나 다른 절기에 혹은 적어도 한 번도 죄수를 사면한 적이 없었다면, 그가 사면을 단행했다는 복음서 저자들의 주장은 거짓이라는 사실이 빠르고 쉽게 들통났을 것이며, 자연히 초기 교회에 혼란을 초래하거나 신뢰를 떨어뜨렸을 것입니다. 공관복음서 저자 세 명 모두가 그 이야기를 취했다는 사실(그리고 네 번째 복음서의 저자는 공관복음서와 독립적으로 그 이야기를 취한 듯합니다)은 그 이야기를 둘러싼 아무런 혼란도 없었음을 분명하게 보여 줍니다.

빌라도는 유대 권력층의 질투심 때문에 예수님이 자신에게 넘겨졌다는 사실을 알았기에 일을 조심스럽게 진행했습니다. 예수님에게 사형 판결을 내리기 앞서 빌라도가 군중에게 얻고자 한 것은 본질상 그들의 여론을 통한 결정이었습니다. 군중은 진정으로 예수님이 처형되길 원했을까요 아니면 그저 일부 고위 제사장만이 예수님에게 죄를 뒤집어씌우고 그의 죽음을 요구한 것일까요? 여기에는 정의에 대한 관심은 없으며, 오로지 정치만 작용할 뿐입니다. 빌라도는 예수님이 인기가 많다는 사실을 알았을 것입니다. 그는 특히나 유월절 기간에 민중의 심기를 자극해 폭동을 부추기는 위험을 무릅쓸 생각이 없었습니다. 그것은 그가 가장 피하고 싶은 상황이었습니다. 빌라도가 백성들에게 기꺼이 폭력을 행사한 것으로 보이는 사건들을 지적하면서 이런 해석에 이의를 제기할 수도 있습니다. 하지만 그런 사례들에서 빌라도의 목적은 자신의 행위를 방어하려는 것이었고, 여기 예수님의 사례에서 빌라도의 유일한 관심사는 평화를 유지하는 것이었습니다.

이야기가 전개되고, 고위 제사장들은 군중을 충동질해 나사렛 예수가 아닌 예수 바라바(Jesus bar Abba)의 석방을 요구하게 했습니다(막 15:11-15). 그들은 총독에게 적극적으로 로비를 펼쳤고, 이제는 군중에게 적극적으로 로비를 펼칩니다. 그들의 편에서 보면, 나사렛 예수가 실제로 석방될 위험도 없지 않았습니다. 결국 예수님은 유명한 선생이자 치유자로 알려지신 인물이지, 군대를 거느리진 않으셨습니다. 따라서 예수님은 로마에 명백한 위협이 되는 인물은 아니셨습니다. 기껏해야 그에게는 다가오는 하나님 나라를 선포하고 거기서 핵심 역할을 맡았다는 혐의가 있었을 뿐입니다. 그 정도로는 여느 사람들의 이상이나 꿈과 크게 다를 바 없었습니다. 정치적으로는 그를 순교자로 만드는 것보다는 석방하는 것이 더 편했을 것입니다. 그래서 고위 제사장들은 바라바의 석방을 요구하라고 군중을 부추깁니다(로마 당국 앞에서 시끄럽게 외치는 군중에 대해서는 행 24:1; Josephus, *Ant.* 18.264-

273을 보라).

나사렛 예수를 석방하지 않는다면, 총독은 그를 어떻게 처리해야 할까요? 대안은 분명했습니다. 처형이나 투옥, 둘 중 하나입니다. 그런데 빌라도는 그 결정을 군중이 하도록 강요합니다. 이렇게 하면 그는 이 문제에서 '손을 씻을' 수 있습니다(마 27:24, 문자 그대로 손을 씻었습니다). 정치적으로 빌라도는 교활하게 행동했으며 이것은 그에 대한 비우호적인 출처들(예를 들면, 필론과 요세푸스)에서 나타나는 그의 성격에 전적으로 부합합니다.

다시 한번 '그들', 즉 무리(참조. 막 15:11)와 고위 제사장들은 빌라도에게 소리 지르며 요구했습니다. 바라바를 석방하라고 요구했지만, 예수님에 대해서는 "그를 십자가에 못 박게 하소서!"라고 외쳤습니다. 그들이 원한 것은 예수님을 감옥에 가두는 것이 아니었습니다. 그들이 원한 것은 십자가형이라는 궁극의 형벌이었습니다. 예수님의 죽음이 그분의 운동을 종식시키고 그분의 가장 가까운 추종자들에게 치명적인 절망을 안기기를 바랐습니다.

빌라도가 "어찜이냐, [그가] 무슨 악한 일을 하였느냐?"(막 15:14)라고 물었을 때, 그는 한 주석가의 말처럼 '전술상 실수'를 저지른 것도 아니며, 또 다른 주석가의 말처럼 그의 답변이 '유약했던' 것도 아닙니다. 이 총독은 자신의 결정이 정치적 위험만 초래하지 않는다면, 예수님을 사형에 처하라는 제사장들의 권고를 기꺼이 받아들였을 것입니다. 그의 유일한 관심사는 예수님에 관한 그의 판결이 유대인을 자극하거나 로마의 잔인함을 보여 주는 또 다른 사례로 비춰지지 않도록 하는 것이었습니다. 빌라도는 위험을 자초하지 않으려 했습니다. 그는 단지 책임에서 벗어나고 싶었을 뿐입니다(고린도의 로마 집정관 갈리오도 자기 앞에 놓인 논쟁을 자신의 관할권이 아닌 유대인들의 분쟁으로 판단했습니다. 참조. 행 18:12-17). 만약 무리가 예수님을 십자가에 처형하라고 주장한다면, 그는 그 이유를 알고 싶었을 것이며, 그들이 그 이유를 공개적으로 밝히기를 원했을 것입니다.

빌라도는 군중을 자극하고 싶지 않았기에 결국 바라바를 석방했습니다(막 15:15). 이번에도 이 조치는 그의 유약함을 보여 주는 것이 아닙니다. 실제로 이 경우 빌라도의 의도는 그의 **협력자**인 고위 제사장들의 심기를 건드리지 않는 것이었습니다. 빌라도가 벌인 다른 논쟁들을 보면, 이 로마 총독은 '폭도'나 서민들과는 충돌하지만, 고위 제사장들과는 충돌하지 않았습니다. 그가 여기서 한 일은 고위 제사장들의 뜻에 응하는 것이었지만, 그것도 그 결정이 실수가 아님을 확신하는 한에서였습니다. 빌라도는 바라바를 사람들에게 풀어 준 후 예수님을 로마 군인들에게 넘겼고, 그들이 십자가형을 집행할 것입니다.

복음서는 빌라도의 마음이 흔들렸던 것으로 묘사합니다. 예수님을 석방하고 싶었지만 결국은 예루살렘의 영향력 있는 엘리트들의 요구를 묵인한 것으로 나오는 빌라도의 모습은 종종 의

문을 불러일으킵니다. 많은 사람들은 이 묘사가 예수와 초기 기독교를 로마의 편에 서게 하려는 변증적 관심에서 비롯되었다고 추정합니다. 결국 예수님의 죽음을 원한 것은 로마 총독이 아니라 유대 지도자들이었고, 논쟁도 마찬가지였습니다. 물론 확신 없이 마음이 흔들렸던 빌라도의 이야기를 복음서 저자들이 문학적으로 과도하게 활용했을 수는 있지만, 그 이야기 전체를 꾸며냈다는 주장은 상당히 의심스럽습니다. 빌라도 시대의 유대 팔레스타인의 정치적, 사회적 상황을 고려하면, 예루살렘에도 많은 추종자가 있었던 갈릴리 출신의 명망 있는 선지자를 그렇게 공개적이고 도발적인 방식으로 처형하는 것을 빌라도가 꺼렸다는 사실은 놀랍지 않습니다. 예수님을 십자가에 못 박는 것은 명백히 폭동을 조장할 우려가 있었고, 그것은 바로 빌라도가 피하고 싶던 상황이었습니다. 예수님에게 군사적 의도가 없었다면, 그는 성가신 골칫거리에 불과했습니다. 구타를 당하고 얼마간 감옥에 갇히는 것만으로 충분했을 것입니다. 하지만 고위 제사장들은 그의 죽음을 원했습니다. 빌라도는 부득이 허용했지만, 예수님을 처형하기로 한 결정이 사실상 자신의 결정이 아님이 분명해진 후에야 비로소 허용했습니다.

예수님이 받은 조롱

십자가형을 당한 사람들은 처형 전과 처형 중에 자주 조롱을 당했습니다. 예수님의 경우, 그 조롱은 유대인의 공회에서부터 시작되었습니다. 어떤 사람은 그의 얼굴을 가리고 "선지자 노릇을 하라"고 주문했습니다(막 14:65). 예수님이 참으로 예언자라면, 투시력이 있어서 시력을 사용하지 않고도 자기를 친 자들을 식별할 수 있었을 것입니다. 고위 제사장들이 고용한 관리들과 폭력배들은 이 모든 것이 꽤 재미있었을 것입니다.

총독 빌라도의 지휘를 받는 군인들도 예수님을 조롱했습니다. 이번에는 로마식 조롱이었습니다. "[군인들이] 예수에게 자색 옷을 입히고, 가시관을 엮어 씌우고, 경례하여 이르되 '유대인의 왕이여, 평안할지어다!' 하고, 갈대로 그의 머리를 치며 침을 뱉으며 꿇어 절하더라"(막 15:17-19). 군인들의 조롱은 카이사르에게 경의를 표하던 모습을 따라한 것이었습니다. 카이사르가 썼던 월계관과 비슷한 가시관은 예수님을 조롱하는 일부입니다. 이 조롱에는 자색 옷, 갈대(왕홀을 상징함), 왕으로 부르는 것(막 15:18-19)이 포함됩니다. 죽어 가는 예수님에게 향신료를 탄 신포도주를 제공한 것 역시 계속되는 조롱의 일부였을 것입니다(막 15:23; 눅 23:36). 이 음료는 왕이 종종 마시던 향신료를 탄 포도주를 흉내낸 것이기 때문입니다. 고대 후기의 자료를 보면 다른 사람들도 비슷한 방식으로 조롱당한 기록이 있습니다.

예수님을 유대인의 왕이라고 조롱한 것과 비슷한 사례가 동시대 인물인 필론(Philo)의 글에 나옵니다. 아그리파왕이 알렉산드리아를 방문했을 때, 사람들은 길거리의 광인 카라바스(Carabas)를 붙잡아 데리고 왔습니다. 그는 종종 놀림을 받던 사람이었습니다(*In Flaccum* 36-39).

[그들은] 그 가여운 사람을 김나시온 안으로 몰아넣었다. 모든 사람이 볼 수 있게 높은 곳에 세우고, 머리에는 왕관처럼 보이게 넓게 편 파피루스 잎 한 장을 씌우고, 몸에는 왕의 예복처럼 보이게 깔개를 둘렀다. 그러자 길에 버려져 있던 파피루스 줄기를 발견한 어떤 사람이 그것을 왕홀로 잡으라고 주었다. 그리고 마치 희극 장면처럼, 그가 왕권을 상징하는 휘장까지 받아 왕인 것처럼 속아 넘어가자, 창병처럼 막대기를 어깨에 걸친 젊은이들이 경호병을 흉내 내어 그의 양옆에 섰다. 그러자 다른 사람들이 그에게 다가갔고, 어떤 사람은 경의를 표하는 척하고, 또 어떤 사람은 재판을 청하는 척하고, 또 어떤 사람은 국정에 관해 상의하는 척했다. 그러자 군중들이 엄청난 함성으로 그를 향해 '마리'(*Mari*, 아람어로 '전하')라고 외쳤다. '마리'는 시리아인들 사이에서 '주님'을 뜻하는 이름이다.

아그리파 1세의 조롱은 예수님이 어떤 조롱을 당했는지 잘 보여주는 매우 중요한 사건입니다. 그렇다고 해서 마가와 다른 복음서 저자들이 어떤 식으로든 이 사건이나 필론의 글 자체에 의존하고 있다고 결론 내릴 필요는 없습니다. 예수님이 받으신 조롱과 비슷한 다른 사례들도 있습니다. 폐위된 황제 비텔리우스(Vitellius, 주후 69년)가 받은 가혹하고 굴욕적인 대우를 생각해 볼 수 있습니다. 로마 병사들은 이 전임 황제가 한때 존경받았던 다양한 장소들로 그를 끌고 다니며 조롱했습니다(참조. Dio Cassius 64.20-21). 과거의 명예가 이제는 수치와 조롱이 된 것입니다.

    예수님에 대한 조롱은 카이사르를 황제로 칭송하고 경의를 표하는 로마의 개선 행사 모습을 모방하는 요소를 포함하고 있습니다. 자색 망토와 (월계관을 닮은) 가시관, 예수님의 머리를 쳤던 갈대 그리고 조롱하면서 절하는 모습 등은 모두 로마 황제가 입었던 의복과 받았던 예우의 일부였습니다. 개선 행사에서 로마 황제는 자색 망토를 걸치고 월계관을 쓰고 왕홀을 잡았습니다[예를 들어, Dio Cassius 6.23; 44.11(율리우스 카이사르); Appian, *Civil Wars* 5.130(아우구스투스); Dio Cassius 59.25.3(가이우스 칼리굴라)]. 자색 옷을 입은 것은 또한 이전 시기 헬레니즘 왕들의 복장을 상기시킵니다[참조. 마카베오1서 10:20("자색 망토와 황금관"), 62("자색 옷을 입히고"); 11:58("자색 옷을 입을"); 14:43-44("자색 옷을 입고"); 눅 16:19("자색 옷과")].

또한 우리는 마카베오 가문의 순교자 엘르아잘을 생각해 볼 수 있습니다. 그는 옷이 벗겨지고 채찍질과 고문을 당하는 등 잔인하고 굴욕적인 대우를 받았고, 마지막 숨을 거두며 이스라엘의 구원을 기도했던 인물입니다(마카베오4서 6:1-30). 트라야누스의 통치 말기에 일어난 유대인 반란(주후 115-117년)을 언급하는 새 황제 하드리아누스와 한 유대인 사절의 대화를 기록한 문서를 떠올릴 수도 있습니다. 이 단편적인 문서에는 군주를 자처하던 자를 조롱하는 언급이 나옵니다. "파울루스는 그 왕에 대해서 (이야기했다.) 그들이 어떻게 그를 끌어내고 (조롱했는지) 말이다. 그리고 테온은 루푸스가 그 왕을 희롱할 수 있도록 그를 끌고 오라고 명령하는 루푸스의 칙령을 읽었다"(P.Louvre 68 1.1-7). 주후 2세기 초에 쓴 기록에서 플루타르코스(Plutarch, *Pompey* 24.7-8)는 로마 시민권을 주장하는 한 죄수를 조롱한 해적들의 이야기를 언급합니다. 그들은 그 죄수에게 옷을 입히고("그에게 토가를 던졌다"), 그를 떠받드는 듯한 다양한 예우를 베풀고(무릎을 꿇기도 했다) 결국 바다 위에 던져 놓은 널빤지 위를 걸으라고 명령합니다.

예수님이 체포되고 재판받고 조롱당한 모든 이야기는 1세기 로마의 관습과 예수님 시대 유대 지방의 정치적, 사회적 제도와 일치합니다. 지나친 비평가들은 나사렛 예수에 관한 법적 절차를 기술한 복음서의 이런저런 세부 사항에 의문을 제기했지만,

그 기록이 본질상 신빙성이 있다고 간주할 만한 충분한 이유가 존재합니다. 그렇다면 지금까지 제기된 반대 의견은 대부분 타당한 역사적 추론에 이르지 못합니다.

예수님의 십자가형

예수님은 고대 후기에 기둥이나 십자가에 묶거나 못을 박아 처형하는 십자가형에 의해 죽임당하셨습니다. 십자가에 못 박힌다는 것은 말 그대로 '말뚝에 박히는 것'(staked)이었습니다. 십자가형은 로마인들이 그 방식을 채택하기 훨씬 전부터 지중해 동부에서 행해졌습니다. 페르시아인(참조. Herodotus 1.128.2; 3.125.3)과 아시리아인, 스키타이인, 트라키아인 같은 다른 민족들이 십자가형을 집행했습니다. 알렉산드로스 대왕은 수천 명을 십자가에 못 박았다고 전해지고(참조. Curtius Rufus, *Hist. Alex.* 4.4.17), 그의 후계자들도 그 처벌을 지속했습니다. 따라서 나중에 로마인들이 이 처형 방식을 채택한 것은 놀라운 일이 아닙니다. 십자가형은 주로 살인이나 반역을 저지른 노예에게 행해졌고(이 때문에 '노예의 처벌'로 알려졌습니다. 라틴어: *servile supplicium*), 그 주된 목적은 반란을 억제하는 것이었습니다.

  로마 시대 이전에 유대 당국이 십자가형을 집행했다는 사실을 모르는 독자도 있을 것입니다. 가장 악명 높은 사례가 알렉산드로스 얀나이오스(Alexander Jannaeus, 주전 102-76년 통치)인데, 요세푸스는 그가 자기에게 대항하고 외국의 적과 결탁한 수많은 바리새인을 십자가에 처형했다고 기록합니다(*J.W.* 1.97-98; 참조. *Ant.* 13.380). 요세푸스의 증언은 사해 두루마리에 언급된 구절을 설명하는 데 도움이 됩니다. 페샤림(쿰란의 사해 두루마리에서 흔히 볼 수 있는 성경 해석의 일종) 중 하나에는 '사람을 산 채로 매달곤 하는 진노의 사자'(Lion of Wrath, 알렉산드로스 얀나이오스로 추정됨)에 대한 언급이 있는데(4Q169 frag. 3-4, col. I, line 7), 이 언급이 요세푸스가 말한 그 사건을 가리키는 것으로 보입니다. 실제로 유대 당국에 의한 것이든 로마 당국에 의한 것이든 고대 후기 이스라엘의 십자가형 관행은 신명기 21:22-23 이해에도 영향을 미쳤습니다. "사람이 만일 죽을 죄를 범하므로 네가 그를 죽여 나무 위에 달거든, 그 시체를 나무 위에 밤새도록 두지 말고 그날에 장사하여 네 하나님 여호와께서 네게 기업으로 주시는 땅을 더럽히지 말라. 나무에 달린 자는 하나님께 저주를 받았음이니라." 원래 이 구절의 의미는 처형당한 사람의 시신을 나무에 매달았다가 나중에 내려서 밤이 오기 전에 매장하라는 것이었습니다. 하지만 예수님 시대에 이 구절은 또한 살아 있는 상태로 매달린 사람들에게도 적용되는 것으로 이해되었는데, 그것은 십자가형의 일반적인 실행 방식을 반영한 실제적 변화였습니다.

예수님은 십자가형의 사전 단계로 채찍질을 당하셨습니다

(막 15:15). 채찍질은 로마 시대에 표준적인 십자가형의 사전 절차였던 것이 확실합니다(참조. *Digesta* 48.19.8.3; Josephus, *J.W.* 2.306). 채찍은 여러 개의 가죽끈으로 만들어졌고, 거기에 못, 유리, 돌 같은 날카롭고 거친 것들을 달았습니다. 채찍질의 결과로 피부가 심하게 찢기고 그 아래 살이 손상되었습니다. 여기서 아나니아의 아들 예수(Jesus son of Ananias)를 다시 언급해야겠습니다. 그는 예루살렘의 멸망을 예언했다는 이유로 로마 총독 앞으로 끌려갔습니다. 결국 (고위 제사장들이 원한 대로) 처형되지는 않았지만, 그는 "채찍질에 살가죽이 벗겨져 뼈가 드러났습니다"(*J.W.* 6.304). 이것은 나사렛 예수를 언급할 때 사용된 것과 같은 말입니다. 실제로 예수님은 제자들에게도 채찍질을 당할 위험에 처할 수 있다고 친히 경고하셨습니다(참조. 마 10:17; 23:34).

마가복음 15:21은 "마침 알렉산더와 루포의 아버지인 구레네 사람 시몬이 시골로부터 와서 지나가는데 [로마 군인들이] 그를 억지로 같이 가게 하여 예수의 십자가를 지웠다"라고 이야기하며, 이는 예수님이 (채찍질을 당하신 직후) 탈진한 상태이셨음을 확인해 줍니다. 이 장면의 진정성은 예수님이 일찍이 제자들에게 준비를 하고 기꺼이 십자가를 지고 자신을 따르라고 가르치셨다는 사실로 뒷받침됩니다(막 8:34). 초기 그리스도인들이 예수님이 자신의 가르침을 문자 그대로 따르지 못하셨다는 이야기를 만들어 냈을 가능성은 낮습니다.

마가가 시몬의 아들들의 이름인 알렉산더와 루포를 언급한 것을 보면, 이들은 마가의 교회에 알려져 있었던 인물들로 생각됩니다. 우리가 여기 마가의 내러티브에서 확인하는 내용은 아마도 목격자의 증언일 것입니다. 이 증언에서 예수님은 너무 심하게 맞아 십자가를 질 수 없었던 모습으로 기억됩니다. 비록 일찍이 더 행복했던 시절에 자신의 제자들에게 십자가를 질 준비를 하라고 친히 권고하셨는데도 말입니다. 어쩌면 시몬과 그의 아들들도 시몬이 대신 십자가를 지고 갔던 그분의 추종자가 되었을 것입니다.

결국 예수님은 처형 장소에 도착하셨고, 십자가에 못 박히셨습니다. 복음서는 티툴루스(*titulus*) 혹은 죄패가 예수님의 십자가 위에 붙었고(참조. 요 19:19; 마 27:37; 막 15:26; 눅 23:38) 그것이 하나 이상의 언어로 기록되었다고 말합니다. 그 죄패는 예수님을 '유대인의 왕'이라고 적었습니다. '유대인의 왕'이라는 칭호는 로마식으로, 원래는 헤롯 대왕에게 사용되었던 것입니다(참조. Josephus, *Ant.* 15.409: "유대인의 왕, 헤롯"). 이미 언급했듯이, 이 칭호는 그리스도인 집단에서 유래한 것이 아닙니다. 왜냐하면 그리스도인들은 예수님을 다른 칭호로 언급했기 때문입니다. 이 칭호의 중요성은 예수님에 대한 메시아적 자기 이해를 확인시켜 준다는 데 있습니다. 예수님은 제자들에게 자신을 이스라엘의 기름 부음 받은 왕, 즉 로마의 언어로 '유대인의 왕'으로 여기도록 격려하셨습니다.

로마 당국은 관례에 따라 사람들이 많이 다니는 대로변이나 언덕 꼭대기, 성문 등에 십자가를 세웠습니다. 사형수는 보통 파티불룸(*patibulum*)이라는 가로틀을 직접 졌고(참조. Plautus, *Carbonaria* 2; *Miles gloriosus* 2.4.6-7 §359-360; Plutarch, *Mor.* 554A-B), 때때로 목에 자신의 이름과 형벌을 기록한 죄패를 걸고 나중에 세로틀에 붙였습니다(참조. Suetonius, *Caligula* 32.2; Dio Cassius 54.3.6-7). 이 잔혹한 형벌은 나중에 그리스도인들에게도 닥쳤습니다. 4세기 교회 역사가이자 변증가인 에우세비우스(Eusebius)는 아탈루스(Attalus)라는 그리스도인을 언급하면서, 그는 "원형 극장 주변으로 끌려다니며, 그의 앞에는 라틴어로 '이 사람은 그리스도인 아탈루스다'라고 쓴 명패가 걸려 있었다"(*Hist. Eccl.* 5.1.44)고 기록합니다.

보통 십자가형의 희생자들은 시간이 얼마나 오래 걸리든지 (때때로 며칠이 걸리기도 했습니다) 죽기까지 방치되었습니다. 십자가형의 희생자들에게서 죽음이 지연되었던 요인은 때때로 친구와 친척들이 그들이 사랑하는 사람에게 음식을 먹일 수 있었기 때문입니다(참조. 마 27:34; 막 15:23; 요 19:28-29). 희생자가 사망할 때까지 십자가 옆에 경비병을 배치하는 것이 전형적인 절차였던 이유 중 하나는 친구나 친척이 희생자를 구출하려고 시도할 가능성이 있었기 때문입니다. 십자가형을 당한 이들의 시신은 대개 매장되지 않은 채 방치되어 썩거나 새와 동물에게 뜯겼습니다(하지만 로마법은 시신을 내려서 매장하는 것을 허용했습니다; 참조. *Digesta* 48.24.1, 3; Josephus, *Life* 420-421). 예수님의 매장을 둘러싼 의문과 쟁점은 그 주제만을 다룰 2장으로 넘기겠습니다.

키케로(*Verr.* 2.5.168)와 요세푸스(*J.W.* 7.203)에 따르면, 십자가형은 가장 잔인한 죽음의 형태였습니다[또한 Juvenal, *Satires* 14.77-78; Suetonius, *Augustus* 13.1-2; Horace, *Epistles* 1.16.48; Seneca, *Dialogue* 3.2.2; 6.20.3; Isidore of Seville, *Etymologia* 5.27.34; *Mek.* on Exod. 15:18(*Shirata* §10)에 있는 충격적인 설명을 참고하라]. 실제로 '십자가'(cross)와 '십자가에 못 박다'(crucify)라는 단어는 고문을 뜻하는 라틴어 '크루키아레'(*cruciare*)에서 유래했습니다. 십자가형의 주된 정치적, 사회적 목적은 제지였습니다. "우리는 사형수를 십자가에 못 박을 때마다 최대한 많은 사람이 이 공포에 영향을 받을 수 있는 가장 혼잡한 도로를 선택했다. 왜냐하면 형벌의 목적은 징벌보다는 본보기 효과를 보이는 것과 관련 있기 때문이다"(Ps.-Quintilian, *Declarations* 274; Aristophanes, *Thesmophoriazusae* 1029; Ps.-Manetho, *Apotelesmatica* 4.198-200; 참조. Josephus, *J.W.* 5.450-451).

복음서는 예수님을 십자가에 못 박은 군병들이 예수님의 옷을 나누어 가졌다고 보고합니다(마 27:35; 막 15:24; 눅 23:34; 요 19:23-24). 이런 행동은 로마의 관습과 일치합니다(참조. *Digesta*

48.20.1). 예를 들어 타키투스는 "사형 선고를 받은 사람들은 재산이 몰수됐다"고 알려 줍니다(*Annals* 6.29).

예수님의 죽음

예수님의 죽음은 갑작스럽고 극적으로 찾아옵니다. 공관복음에 따르면(마 27:45; 막 15:33; 눅 23:44), 예수님은 오후 3시쯤 갑자기 큰 소리로 부르짖으셨습니다. "엘리 엘리 라마 사박다니?" 이 아람어는 시편 22:1에서 나온 구절로 "나의 하나님, 나의 하나님, 어찌하여 나를 버리십니까?"(새번역)란 뜻입니다. 해석자들은 이 말을 어떻게 이해해야 할지 당혹스러워합니다.

시편 22편은 수난 내러티브의 여러 곳에 반영되어 있습니다. 그런데 이 구절은 명시적인 인용이며, 그것도 예수님의 입에서 직접 나온 말입니다. 혹자는 예수님이 이 시편 전체를, 특히 신원과 회복과 관련된 결론부를 염두에 두고 계신지 궁금해합니다.

> 내가 당신의 이름을 나의 형제자매에게 선포하고
>   회중 가운데서 당신을 찬송하리이다.…
> 그는 곤고한 자의 곤고를
>   멸시하거나 싫어하지 아니하시며
> 그의 얼굴을 그에게서 숨기지 아니하시고

> 그가 울부짖을 때에 들으셨도다.…
>
> 후손이 그를 섬길 것이요
>
> 대대에 주를 전할 것이며
>
> 와서 그의 구원을 태어날 백성에게 전함이여
>
> 주께서 이를 행하셨다 할 것이로다.
>
> (22, 24, 30-31절, 히브리어를 참고해 개역개정을 수정한 본문)

아마 예수님은 희망적인 결론부를 포함해 이 시편 전체를 염두에 두셨겠지만, 그분의 버림받은 느낌의 실제를 축소해서는 안 됩니다. 예수님이 하나님에 대한 믿음을 잃으신 것은 아닙니다. 그 사실은 '나의 하나님, 나의 하나님'이라는 두 번의 외침에 함축되어 있습니다. 하지만 분명히 예수님은 완전히 버려졌다고 느끼셨습니다. 나중에 기록된 복음서의 저자들이 예수님의 마지막 말씀으로 "아버지, 내 영혼을 아버지 손에 부탁하나이다"(눅 23:46), "다 이루었다"(요 19:30)와 같은 다른 발언을 선택했다는 사실은 놀랍지 않습니다. 예수님의 신앙과 정체성을 부정하는 듯한 발언은 그분의 명성을 떨어뜨리려는 일부 사람들에 의해 이용되었고 심지어 그분을 따르는 사람들조차 피했을 가능성이 있습니다. 다시 말하지만, 역사적으로 사실이 아니라면, 이러한 말들은 기록하기에 너무 충격적인 내용입니다.

예수님이 십자가에 달리셨을 때 구경꾼들은 그분이 엘리야

[엘로이('나의 하나님')는 엘리야('엘리야')와 소리가 비슷합니다]를 부른다고 생각했습니다. 그리고 "한 사람이 달려가서 해면에 신 포도주를 적시어 갈대에 꿰어 마시게"(막 15:36) 했다고 기록되어 있습니다. 이 행동의 목적이 동정이 아닌 조롱이었기에 군인들은 그 행동을 제지하지 않았을 것입니다. "엘리야가 와서 그를 내려 주나 보자"는 조롱의 일부였을 것이며, 그렇다면 그것은 앞서 고위 제사장들이 말한 내용과도 유사합니다. "이스라엘의 왕 메시아가 지금 십자가에서 내려와 우리가 보고 믿게 할지어다"(막 15:32).

물론 동정심 많은 구경꾼이 예수님에게 달려가 그분의 의식이 더 오래 유지되도록 자극제를 주었을 수도 있습니다. 그래서 (예수님의 바람이라고 사람들이 가정했듯이) 종말론적 역할로서든 혹은 곤경에 처한 사람들의 일회적인 조력자로서든 실제로 엘리야가 나타나는지 확인할 수 있도록 말입니다. 하지만 그 행동은 고위 제사장들 앞에서의 심문이 마무리된 이후 지속된 조롱의 일환이었을 가능성이 더 높습니다(막 14:65). 십자가에 매달려 계시는 동안 예수님은 성전을 파괴하고 사흘 안에 다시 짓겠다고 위협한 자로 조롱을 받으셨고(15:29), 십자가에서 내려와 자신이 진정으로 이스라엘의 왕 메시아라는 확신을 주라는 요구를 받으셨으며(15:32), 이제 그 조롱하던 자들은 예수님의 고뇌하는 외침에 대한 응답으로 '과연 엘리야가 오는지' 확인하고자 했습니다.

그런데 구경꾼들이 오래 기다릴 필요는 없었습니다. "그리고 예수께서 큰 소리를 지르시고 숨지시니라"(막 15:37). 이 외침 자체가 죽음이었습니다. 말하자면 예수님이 큰 소리를 지르고 잠시 후에 돌아가신 것이 아니라, 그분의 죽음 자체가 **외침으로** 표현된 것이었습니다. 예수님의 죽음을 이런 식으로 표현함으로써 복음서 기자 마가는 (그 이전의 전통은 아닐지라도) 그분의 죽음 자체가 그분의 권세를 드러낸다는 것을 보여 줍니다. [동사 '엑세프뉴센'(*exepneusen*)에 암시된 것처럼] 자신의 영을 내어 주시는 모습은 경이롭습니다.

예수님을 향해 서 있던 백부장은 그가 목격한 것에 놀라, "이 사람은 진실로 하나님의 아들이었도다!"라고 선언합니다(막 15:39). 예수님의 죽음이 이루어진 방식과 그 죽음에 동반된 징후들에 깊은 인상을 받은 백부장은 로마 황제에 대해서만 고백해야 할 내용을 예수님에 대해 고백합니다. 카이사르가 '하나님의 아들'이 아니라, 십자가에 못 박혀 죽은 메시아 예수가 '하나님의 아들'이라는 것입니다. 조롱은 이제 끝났습니다. 백부장은 예수님을 하나님의 아들이라고 부름으로써, 자신이 충성을 바치는 대상을 당시의 공식적인 '하나님의 아들'인 카이사르에서 진정한 하나님의 아들이신 예수님으로 바꾸었습니다. 백부장은 카이사르에게 돌렸던 영예를 이제 예수님에게 돌립니다. 카이사르가 '디비 필리우스'(*divi filius*, '신의 아들', 위대한 황제 아우구스투스가 사용한 라틴어 칭호)가 아니라, 예수님이 '디비 필리우스'입니다.

신학적 함의

예수님의 죽음에 내포된 신학적 의의는 다양합니다. 고대 후기에 유행했던 메시아주의를 포용한 유대교의 관점에서 보면, 예수님은 실패한 메시아였습니다. 이 시기의 여러 문헌에서 볼 수 있듯이, 메시아는 이스라엘의 적들을 압도할 것으로 기대되었습니다. 적어도 전쟁 두루마리 및 다른 관련 두루마리에서 볼 수 있듯이 쿰란 공동체는 메시아가 제사장 전사들을 이끌고 그들이 증오하는 로마인들을 물리칠 것이라고 생각했습니다. 실제로 한 두루마리('전쟁 규칙'으로 불리는 4Q285)에 따르면, 메시아 즉 다윗의 가지(Branch of David)가 로마 황제를 직접 처치할 것이라고 기록되어 있습니다. 솔로몬의 시편 17편에도 이와 비슷한 정서가 표현되어 있습니다.

주여, 당신은 이스라엘 위에 다윗을 왕으로 택하시고,
    그의 왕국이 주님 앞에서 영원히 실패하지 않을 것이라고
    그의 후손에 대한 영원한 맹세를 하셨습니다.
그에게 힘을 주셔서
    불의한 지배자들을 파멸하고

> 예루살렘을 이방인들로부터 정화하며…
>
> 그의 입술의 말로
>
> 불법한 나라들을 멸망시키소서…
>
> 그가 의로운 길로 인도할 거룩한 백성을 모으며,
>
> 각 지파의 백성들을 심판할 것이며…
>
> 그들 가운데 불의를 용인하지 않고 멈출 것이며
>
> 사악을 아는 어떠한 사람도
>
> 그들과 함께 살지 못할 것이며…
>
> 그리고 그는 예루살렘을 정화하여 거룩하게 (하리니)
>
> 태초와 다를 바 없을 것입니다.
>
> (4, 22, 24, 26, 27, 30절)

하지만 예수님은 로마에게 어떤 승리도 거두지 못하셨습니다. 이방인도 추방하지 못했습니다. 그분의 통치는 시작되기도 전에 끝나고 말았습니다. 그분의 마지막은 즉위식이 아닌 십자가형이었습니다. 이미 언급했듯이, 십자가형은 노예와 최악의 범죄자에게만 적용되는 굴욕적인 처형 방식이었습니다.

유대인의 관점에서 예수님의 메시아적 정체성을 의심했던 주된 이유는 예수님이 십자가형을 받아 죽으셨다는 사실이었습니다. 이것은 요한복음에서 예수님에 반대하여 제기된 주장이었습니다. "우리는 율법에서 그리스도가 영원히 계신다 함을 들었거늘, 너는 어찌하여 인자가 들려야 하리라 하느냐?"(요 12:34) 이러한 반대는 유대인 작가들에 의해서 계속해서 제기되었습니다. 2세기의 순교자 유스티누스의 책인 『유대인 트뤼폰과의 대화』(*Dialogue with Trypho the Jew*)에서 트뤼폰이 제기한 것이 바로 그 문제입니다. 예수님이 예언을 성취하셨을 수도 있고, 인상 깊은 기적을 많이 행하셨을 수도 있고, 심지어 죽은 자 가운데서 살아나셨을 수도 있습니다. 하지만 성경 어디에 그가 십자가형을 당해야 하고, 그토록 수치스럽게 죽어야 한다고 기록되어 있습니까? 결국 트뤼폰은 본디오 빌라도에게 고난을 받은 나사렛 예수가 이스라엘의 메시아이며 하나님의 아들이라는 믿음에 도달할 수 없었습니다.

물론, 로마인의 관점에서 예수님은 처형당한 범죄자에 지나지 않습니다. 그런 죽음이 명예로울 수는 없습니다. 그야말로 그것은 노예들의 죽음이자 가장 악한 범죄자들이 당하는 죽음입니다. 그리스도를 기리는 최초의 기독교 찬양에 예수님을 노예와 연결하는 표현이 있다는 사실은 놀랄 일이 아닙니다.

자기를 비워

종[노예]의 형체를 가지사…

죽기까지 복종하셨으니

곧 십자가에 죽으심이라. (빌 2:7-8)

하지만 예수님의 관점에서, 그리고 부활 후에 그분의 제자들이 받아들일 관점에서는 그분의 죽음이 희생과 속죄에 관한 새로운 이해를 열어 주었습니다. 한 사람의 죽음이 많은 사람의 죄를 속죄했습니다. 약속된 새 언약이 세워졌습니다. 고대하던 이스라엘의 구속이 이제 일어날 수 있습니다. 하지만 이방 민족들의 폭력적인 전복 없이 이루어질 것입니다. 이방 민족들은 칼이 아니라, 하나님의 통치와 그분 아들의 속죄하는 죽음에 관한 좋은 소식을 통해 정복될 것입니다.

하지만 예수님이 돌아가신 성금요일 오후에는 이런 일 중 아무것도 제자들에게 일어나지 않았습니다. 그저 그들의 스승이 죽었을 뿐입니다. 그들이 벌이던 운동이 그 자리에서 멈췄습니다. 그들도 도망쳤습니다. 오직 베드로와 소수의 여인과 다른 몇몇 사람만이 무슨 일이 일어날지 지켜보며 남아 있었습니다. 이들 중 용기를 낸 여인들만이 예수님이 묻힌 곳을 지켜볼 수 있었습니다.

더 읽을거리

Bammel, E., and C. F. D. Moule, eds. *Jesus and the Politics of His Day*. Cambridge: Cambridge University Press, 1984.

Brown, R. E. *The Death of the Messiah: From Gethsemane to the*

Grave. A Commentary on the Passion Narratives in the Four Gospels. 2 vols. Anchor Bible Reference Library 7. New York: Doubleday, 1994. 『앵커바이블: 메시아의 죽음 1/2』(류호성 옮김, CLC, 2018).

Carrol, J. T., and J. B. Green, with R. E. Van Voorst, J. Marcus, and D. Senior, *The Death of Jesus in Early Christianity*. Peabody, MA: Hendrickson, 1995.

Chilton, B. "The Trial of Jesus Reconsidered." In *Jesus in Context: Temple, Purity, and Restoration*. Edited by B. Chilton and C. A. Evans, 481-500. Arbeiten zur Geschichte des antiken Judentums und des Urchristentums 39. Leiden: Brill, 1997.

Green, J. B. *The Death of Jesus*. Wissenschaftliche Untersuchungen zum Neuen Testament 2.33. Tübingen: Mohr Siebeck, 1988.

Hengel, M. *Crucifixion*. London: SCM; Philadelphia: Fortress, 1977. 『십자가형』(이영욱 옮김, 감은사, 2020).

McGing, B. C. "Pontius Pilate and the Sources." *Catholic Biblical Quarterly* 53 (1991): 416-438.

Sherwin-White, A. N. *The Trial of Christ: Historicity and Chronology in the Gospels*. London: SPCK, 1965.

2장
무덤의 침묵

크레이그 에번스

최근 몇 년 동안 일반 독자들은 예수님의 매장에 관한 몇 가지 기이한 이론 때문에 놀라기도 하고 어리둥절하기도 했습니다. 심지어 예수님이 아예 매장되지 않았다고 주장한 사람도 있습니다. 1990년대 중반에 출간된 한 책에서 저명한 신약학자이자 뉴스 프로그램과 다큐멘터리의 단골 출연자였던 저자는, 지난 2천 년 동안 그리스도인들이 생각해 온 것과는 달리 예수님의 시신이 무덤에 매장되지 않았을 가능성이 매우 높다는 놀라운 주장을 펼쳤습니다. 이 학자는 예수님의 시신이 십자가에 매달린 상태로 방치되었거나, 기껏해야 얕은 도랑에 던져져 개들이 먹었을 것이라고 주장했습니다. 이 놀라운 이론은 전 세계 언론의 헤드라인을 장식했습니다. 이 학설이 맞을 가능성이 조금도 없는 이유는 아래에서 설명합니다.

최근에는 진지한 연구를 하는 척하지만 전혀 신뢰할 만한 성과가 없는 또 다른 작가가 주장하길, 예수님은 사실 매장됐지만 혼수상태였으며 나중에 친구들과 조력자들의 도움으로(그중에는 로마 총독 빌라도도 있었습니다!) 무덤에서 구출되었다고 합니다. 이 가설의 '증거'라고 제시된 내용들은 매우 기괴하고 설득력도 없습니다. 다행히도 이 사이비 학문은 대중 매체를 통해 철저히 반박당했습니다. 마땅한 대접을 받은 것입니다.

더 신뢰할 만한 작가들과 주석가들도 때때로 예수님의 매장에 관한 신약 복음서들의 설명에 의문을 제기하곤 했습니다. 하지만 그들의 회의적인 관점은 다소 이상하고 신약성경의 증거에 정면으로 위배됩니다. 결국, 우리가 들은 이야기는 세 여인이 예수님이 묻히신 곳을 확인했고, 나중에 일요일 이른 아침에 그 무덤을 찾아갔다는 것입니다(막 15:47; 16:1-4). 그들은 예수님의 시신이 묻힌 장소가 어디인지, 무덤 옆에서 애도하려면 다시 찾아가야 할 곳이 어디인지 알고 있었습니다. 예수님의 매장이 허구로 꾸며낸 이야기라면, 일차 증인으로 여성이 아닌 남성을 내세웠을 것입니다. 고대 후기에 여성은 신뢰할 만한 사람으로 존중받지 못했기 때문입니다. 덧붙여, 예수님의 무덤 이야기를 확증해 주는 중요한 인물이 있으니, 바로 예수님의 매장에 관한 이야기를 한 바울입니다(고전 15:3-4). 바울이 예수님이 "장사 지낸 바 되셨다"고 말할 때, 당연히 그는 어떤 종류든 무덤을 염두에 두었을 것입니다. 그렇다면 일부 학자들이 예수님의 매장에 대해 의구심을 표명하는 이유는 무엇일까요? 예수님이 실제로 매장된 것이 과연 맞는지 우리가 궁금해해야만 할까요? 아니면 예수님이 묻혔다고 믿는 경우에도, 그분의 추종자들은 예수님이 묻힌 장소를 과연 알고 있었는지 궁금해해야 할까요?

더 사변적이고 개연성 없는 추론은 말할 것도 없고 상당수의 회의론은 유대인의 매장 관습에 대해 익숙하지 않기 때문에 기인한 것으로 보입니다. 그것은 또한 현대 학자들과 사이비 역사 저술가들이 고대 자료의 내러티브를 평가할 때 취하는 오만한 태도 탓일 수도 있습니다. 현대인들은 고대 후기의 팔레스타인 유대인과 관련해서 매장 장소를 확인하고 정확한 기록을 보관하는 것이 예수 당시 사람들의 관심사가 아니었다거나 그들의 능력 밖이었다고 생각하는 등 부당한 가정을 합니다.

앞으로 살펴보겠지만, 유대인의 매장 관습과 후기 고대의 역사 문헌, 고고학적 자료를 검토해 보면, 신약성경 복음서의 내러티브를 정보에 입각한 신뢰할 만한 역사적 증언으로 간주해도 좋다는 충분한 근거를 확인할 수 있습니다. 복음서에서 묘사하는 예수님의 매장은 전설이나 속임수가 아니라 역사적 자료입니다.

유대인의 매장 관습

유대인들은 사람이 죽으면 시체를 매장한 다음, 나중에 뼈를 모아 납골함이라는 용기에 넣거나 이를 위해 따로 마련된 납골실에 보관했습니다. 죽은 사람의 뼈를 모으는 이런 관습을 '오실레기움'(ossilegium) 또는 2차 매장이라고 합니다(*y. Moe'ed Qatan* 1.5, 80c 참조: "처음에는 도랑에 묻었다가 살이 썩으면 뼈를 모아 납골함에 묻었다"). 헤롯 시대(주전 35년-주후 70년경)에 예루살렘과 그 주변에서 발견된 수많은 납골함의 중요성을 둘러싼 논쟁의 핵심은, 이 관습이 어디까지 거슬러 올라갈 수 있는지 그리고 그 기원이 어디에서 시작되었는지에 대한 것입니다.

내가 보기에, 헤롯 대왕과 그의 후계자 시대에 사용된 납골함의 수가 급격히 증가한 상황에 대한 가장 개연성 있는 설명은 헤롯이 예루살렘과 그 주변에서 벌인 대규모 건축 사업, 특히 성전산 및 새 성전과 관련된 공사 때문이라는 것입니다. 요세푸스에 따르면 헤롯은 성전을 짓기 위한 "돌을 운반할 천 대의 수레를 준비"하고 "가장 숙련된 일꾼 만 명"을 고용해서 "어떤 사람은 석공으로, 어떤 사람은 목수로" 훈련시켰다고 합니다(Ant. 15.390). 성전산은 거대했고(여전히 거대합니다), 여러 건물과 행각이 즐비했는데, 그중에서도 가장 인상적인 것은 물론 성전이었습니다. 요세푸스는 돌들의 크기와 아름다움을 강조했습니다(예: Ant. 15.399; 참조. 막 13:1: "선생님, 보십시오! 얼마나 굉장한 돌입니까! 얼마나 굉장한 건물들입니까!", 새번역). 성전 자체와 다른 주요 건축물들은 헤롯이 생존했을 때 완공되었지만, 성전산에 대한 공사는 주후 64년까지 생존한 아들들과 손자, 증손자의 각 치세 기간에 계속되었습니다. 따라서 요한복음 2:20은 성전이 완공된 것이 아니라 공사 중이라는 의미이며, 다음과 같이 읽어야 합니다. "이 성전은 46년 동안 건축 중입니다." 요세푸스의 기록에 따르면, 성전산 공사가 마침내 끝났을 때 18,000명의 노동자가 해고되었다고 합니다(참조. Ant. 20.219). 이 대규모 해고로 인해 사회적, 정치적 불안정이 커졌고 불과 2년 후 공개적인 반란으로 폭발했습니다. 해고된 석공 중 일부는 나중에 반란군을 위한 비밀 통로를 만드는 데 그들의 도구와 기술을 동원했습니다(*J.W.* 7.26-27).

우리의 질문에 대한 답변을 발견하는 지점이 바로 여기, 즉 수천 명의 석공을 고용한 헤롯 왕조의 대규모 건축 사업 시기(주전 30년대부터 주후 64년까지)와 수천 개의 납골함이 출현한 시기가 겹친다는 사실입니다. 발견된 납골함은 동일한 유형의 돌(석회암)을 깎아서 만든 것이었는데, 성전산의 거의 모든 건물에 그런 돌이 사용되었습니다. 석회암으로 만들어진 납골함의 숫자는 예루살렘에서 성전 관련 건축이 이루어진 1세기 동안 급격히 증가했습니다. 그 이유는 신학의 변화나 외국의 영향 때문이 아니라, 석공과 채석장 그리고 불합격된 석회암 조각이 엄청나게 늘었기 때문입니다. 도시 인구의 증가와 도시 및 교외의 무분별한 확산도 매장지의 밀도가 높아지는 데 일조했습니다. 간단히 말해, 벽감이나 실제 사람 크기의 석관에 안치하는 것보다는 납골함에 보관해야 더 많은 친척의 시신을 가족 묘지에 안장할 수 있었습니다. 이러한 요인들은 주로 예루살렘의 상황에 작용하긴 했지만, 그 영향으로 이 시기에 여리고나 다른 곳에서도 납골함이 출현한 것으로 보입니다.

이제 고대 유대인의 매장 관습을 살펴볼 차례입니다. 먼저, 시신의 매장은 고인의 사망 당일에 이루어졌으며, 해가 질 무렵이나 밤에 사망한 경우에는 다음 날에 이루어졌습니다. 이 사실을 염두에 두면, 친숙한 복음서의 이야기들에서 이전과는 다른 상당한 비애를 감지할 수 있습니다. 나인성 과부의 이야기를 생각해 봅시다. "[그가] 성문에 가까이 이르실 때에, 사람들이 한 죽은 자를 메고 나오니, 이는 한 어머니의 독자요, 그의 어머니는 과부라. 그 성의 많은 사람도 그와 함께 나오거늘"(눅 7:12). 이 과부의 외아들은 그날(혹은 그 전날 저녁에) 사망한 것이었고, 예수님이 그녀를 만나셨을 때 그녀의 슬픔은 극에 달해 있었을 것입니다. 우리는 또한 죽어 가는 딸을 고치기 위해 제시간에 도착하기를 바라면서 예수님을 서둘러 집으로 데려가던 절박한 아버지를 떠올릴 수 있습니다. "예수께서 그 관리의 집에 가사, 피리 부는 자들과 떠드는 무리를 보시고"(마 9:23). 알고 보니 그들이 도착했을 때 소녀는 이미 사망한 후였고, 장례 음악과 곡소리까지 준비된 장례 절차가 이미 진행 중이었습니다.

사람이 죽으면 시신을 씻고 싸맸습니다. 이 관습은 복음서와 다른 곳의 여러 일화에 언급되어 있습니다. 나사로 이야기에서, 죽은 나사로는 묶이고 싸여 있었습니다(요 11:44). 요셉은 예수님의 시신을 깨끗한 세마포로 쌌습니다(마 27:59; 눅 23:53; 요 19:40). 아나니아의 시체도 싸서 장사했고(행 5:6), 도르가의 경우도 "병들어 죽으매, 시체를 씻어 다락에 누였"습니다(행 9:37). 더욱이 시체에는 대개 향수를 뿌렸습니다(Josephus, *Ant.* 15.61; 향료에 대해서는 *Ant.* 17.196-99; 요 19:39-40 참조).

시체를 매장하는 날은 7일의 애도 기간 중 첫날이었습니다

(*Semahot* 12.1). 1세기 유대인 역사가 요세푸스는 헤롯 대왕의 죽음과 매장, 장례를 언급하면서 이 사실을 분명하게 기술했습니다(주전 4년경). "이제 아켈라오(헤롯 대왕의 생존한 장남)가 그의 아버지에 대한 존경심으로 7일 동안 애도를 계속하고(이 나라의 관습으로 규정된 것이 7일이다), 이어서 무리를 대접하고 애도를 마친 후 성전으로 올라갔다"(Josephus, *Ant.* 17.200). 7일간 애도하는 관습은 성경 자체에서 유래한 것입니다. 요셉은 "아버지를 위하여 칠 일 동안 애곡"했습니다(창 50:10). 그리고 이스라엘 사람들은 사울왕과 그의 아들들의 시체에 대해서는 "그들의 뼈를 가져다가 야베스 에셀나무 아래 장사하고 칠 일 동안 금식했다"(삼상 31:13)고 기록되어 있습니다.

애도는 보통 무덤 입구나 무덤 내부에서 이루어졌기 때문에 고고학자들은 유대인의 관습에 따라 애도객이 서서 기도할 수 있도록 바닥의 일부를 더 깊게 파낸 것을 발견하기도 합니다. 시체에 향수를 뿌린 이유도 당연히 무덤 안에서 애도할 사람들 때문이었습니다. 많은 향수병과 항아리가 무덤과 매장 동굴에서 발견되었습니다. 여섯째 날과 일곱째 날이 되면 무덤 안에 얼마나 불쾌한 냄새가 났을지 상상할 수 있을 것입니다.

사후 1년이 지나면 뼈를 모아 벽감이나 납골함에 두는 것이 관례였습니다. 때때로 '2차 매장'으로 불리는 이 관습은 예수님 시대 유대인 무덤에 관한 고고학적 발굴에서 쉽게 확인할 수 있습니다. 후대 랍비 문헌도 이를 입증합니다. "살이 썩어 없어지면, 뼈를 모아 제자리에 묻었다"(*m. Sanhedrin* 6:6), "내 아들아, 처음에는 나를 벽감에 묻어라. 시간이 지나면 내 뼈를 모아 납골함에 넣되, 네 손으로 모으진 말아라"(*Semahot* 12.9; 참조. *Semahot* 3.2). 1차 매장에서 2차 매장까지 12개월의 간격을 두는 관습은 랍비 문헌에서도 입증됩니다(참조. *b. Qiddushin* 31b).

하지만 처형당한 범죄자에게는 규칙이 달랐습니다. 범죄자도 관례를 따라 매장되었지만, 가족무덤과 같은 명예로운 장소에 묻히지는 않았습니다. 이 점은 랍비들의 초기 문헌에 분명히 나타납니다. "그들은 (처형당한 범죄자를) 조상들의 묘소에 묻지 않는다. 그러나 두 곳의 매장 장소를 산헤드린이 준비해 두었다. 하나는 참수되거나 교살당한 자들을 위한 곳, 다른 하나는 돌에 맞거나 불에 타 죽은 자들을 위한 곳이었다"(*m. Sanhedrin* 6:5), "시신이나 시체의 뼈를 비참한 장소에서 명예로운 장소로 옮기면 안 되고, 말할 필요도 없이 명예로운 장소에서 비참한 장소로 옮겨도 안 된다. 하지만 가족무덤이라면, 명예로운 장소에서 비참한 장소로 옮겨지는 것도 허용된다"(*Semahot* 13.7). 범죄자의 시신은 명예로운 장소에 묻히지 못했을 뿐만 아니라, 처형된 범죄자에 대한 공개적인 애도도 허용되지 않았습니다. "그들은 [공개] 애도를 하지 않았다.…애도는 마음으로만 한다"(*m. Sanhedrin* 6:6).

유대인은 죽은 사람의 영혼이 시체 근처에 사흘 동안 머문다고 믿었습니다. "영혼은 (죽은 후) 사흘 동안 시체 위를 맴돌며 몸으로 다시 들어가려 한다. 하지만 몸의 외관이 변하는 것이 보이면 곧장 떠난다"[*Lev. Rab.* 18.1(레 15:1-2)]. 셋째 날에 얼굴이 변하기 시작한다는 사실은 애도 초기에 슬픔이 가장 크게 느껴지는 이유를 설명해 줍니다. "깊은 애도가 셋째 날까지 지속되는 이유는 아직은 얼굴의 생김새를 알아볼 수 있기 때문이다"(*Qoh. Rab.* 12:6 §1). 아마도 이 흥미로운 믿음이 마리아와 마르다의 형제인 나사로를 살리는 극적인 이야기의 배후에 있는 듯합니다(요 11:1-44). 나사로가 죽은 지 '사흘'이 지났고 이제 그의 시체에서 '악취'가 난다는 설명(11:39)은 모든 희망이 사라졌음을 암시합니다. 나사로가 죽은 지 사흘이 넘었으니, 그의 영은 떠났을 것입니다. 얼굴의 생김새도 변했고, 소생은 더 이상 불가능할 것입니다.

이것이 유대인의 매장 풍습이었습니다. 그런데 유대인은 죽은 사람을 항상 매장했을까요? 그들에게 매장은 중요한 절차였을까요? 처형당한 범죄자 같은 사람의 시신은 매장하지 않고 내버려두기도 했을까요?

매장의 필수성

고대 후기 지중해 세계에서는 죽은 사람을 합당하게 매장하는 것을 신성한 의무로 여겼습니다. 유대 민족의 문화와 종교에서는 더욱 그랬습니다. 시신을 합당하게 매장해야 하는 첫 번째 이유는 죽은 사람 자신을 위해서였습니다. 고인을 돌보고 합당하게 장사하는 것의 중요성은 성경에 잘 나와 있습니다. 성경은 아브라함이 사라를 매장하려고 동굴을 구입한 이야기(창 23:4-19)에서 시작해, 이스라엘의 족장들과 왕들의 매장 이야기에 많은 관심을 쏟습니다. 특히 흥미로운 것은 야곱의 시신이 가나안 땅으로 옮겨져 자신이 파 놓은 무덤에 묻혔다는 이야기입니다(창 50:4-14). 요셉도 마찬가지로 이집트에 묻혔지만, 출애굽 때 이스라엘 백성이 그의 뼈를 발굴하여 가져왔고 결국 가나안 땅에 묻혔습니다(창 50:22-26; 수 24:32). 그리고 살해된 사울과 그의 아들들의 뼈는 야베스에 묻혔고(삼상 31:12-13), 나중에 다윗은 이 일을 한 사람들을 칭찬했습니다(삼하 2:5: "너희가 너희 주 사울에게 이처럼 은혜를 베풀어 그를 장사하였으니 여호와께 복을 받을지어다"). 나중에 사울의 뼈는 베냐민 땅으로 옮겨졌습니다(삼하 21:12-14). 광야에서 고기를 탐한 자들(민 11:33-34)이나 처형된 범죄자들(신 21:22-23)처럼 하나님의 심판을 받은 악한 자들도 장사되었습니다. 전쟁에서 죽임을 당한 이스라엘의 적들도 장사되었습니다(왕상 11:15). 심지어는 종말론적 원수인 곡의 군대도 매장해 주어야 합니다(겔 39:11-16). 죽은 자를, 심지어 적군의 시체라도 매장하지 않은 채로 방치한다면 땅에 저주를 가져올 것입니다(신 21:22-23).

적절한 매장의 중요성은 일반적으로 죄와 신의 심판으로 인해 **매장되지 못한** 사람들에 대한 구절의 배경이 됩니다. 모세는 이스라엘 백성들에게 만일 그들이 언약에 불순종하면 적들이 그들을 죽일 것이며 그들의 매장되지 않은 시체가 새와 짐승의 먹이가 될 것이라고 경고했습니다(신 28:25-26). 여러 세대 후에 실제로 이 심판이 사악한 왕인 여로보암(왕상 14:11)과 아합(왕상 21:24)의 가문에 닥쳤습니다. 예언자의 경고에 따르면, 아합에 속한 자로서 성읍에서 죽은 자는 "개들이 먹고, 들에서 죽은 자는 공중의 새가 먹을"(왕상 21:23-24) 것입니다. 이세벨 자신도 개들에게 먹혀 "밭의 거름"이 되었습니다(왕하 9:33-37). 말하자면, 개들이 시체를 먹은 후 배설물로 변한 것입니다. '이세벨의 무덤'이라고 적힌 표시는 없을 것입니다. 예레미야는 동일한 충격적인 이미지를 동원해 당시 세대에 경고합니다. "이 백성의 시체가 공중의 새와 땅의 짐승의 밥이 될 것이나, 쫓아 줄 사람이 없을 것이라.…그 뼈가 거두이거나 묻히지 못하여, 지면에서 분토 같을 것이다"(렘 7:33; 8:2; 참조. 14:16; 16:4; 20:6; 22:19; 25:33; 참조. 시 79:2-3; 겔 29:5; Josephus, *J.W.* 1.594: "그는 그녀의 몸을 고문하여 찢어발기고, 시체의 아무 부분도 매장하지 못하게 했다").

토비트기에는 유배당한 유대인들의 참상이 담겨 있습니다. 그들은 살해된 후 매장되지 못하고 길에 그대로 방치되거나 성벽 밖으로 내던져졌습니다. 이 책의 주인공인 의로운 사람은 유대인의 음식법을 준수하고, 가난한 사람들과 음식과 의복을 나누며, 개인적으로 큰 위험을 무릅쓰고서도 죽은 사람들을 묻어 주었습니다. 죽은 사람들을 매장해 준다는 토비트기의 주제는 아마도 예레미야의 앞선 경고, 즉 심판받고 추방당한 이스라엘이 이제 살해당하고 매장되지 못한 채 방치된다는 경고를 반영한 것으로 보입니다.

토비트의 모든 미덕 중에서 가장 중요한 것은 죽은 자를 장사한 것이었습니다(1:18-20, 2:3-8, 4:3-4, 6:15, 14:10-13). 토비트가 시신을 묻어 준 사람 중 일부는 단순히 살해된 것이 아니라 국가 권력에 의해 처형된 것이 분명했습니다. 의로운 토비트는 이렇게 설명합니다. 나는 "산헤립왕이 유대로부터 도망칠 때 처형한 사람들의 시체를 묻어 주었다.…그가 홧김에 이스라엘 사람들을 닥치는 대로 죽인 것이다. 내가 그들의 시체를 훔쳐다가 묻어 주었기[ethapsa] 때문에, 산헤립왕은 그 시체를 찾으려 했지만 발견할 수 없었다"(1:18). 토비트가 매장해 준 2:3에 언급된 죽은 사람도 처형된 것으로 보입니다. 공개적으로 교수형을 당했다는 의미에서 '목이 졸린'(strangled, NRSV)거나 '공개 처형된' 것입니다. 이방인 권력에 의해 처형된 유대인은 개인적 위험을 무릅쓰고라도 반드시 매장해야 한다는 유대인의 의무감은 본 연구에 매우 중요한 의미를 지닙니다.

요세푸스의 관점도 토비트기에 표현된 관점과 일치합니다.

요세푸스는 유대인의 윤리적 의무를 설명하면서 이렇게 말합니다. "우리는 요청하는 모든 사람에게 불과 물, 음식을 제공하고, 길을 알려 주며, 시체를 묻지 않은 채로[ataphon] 방치하지 않고, 적으로 공표된 자들에게도 배려를 베풀어야 한다"(참조. *Against Apion* 2.211; 2.205).

이 문제에 대한 유대인의 감수성을 가장 설득력 있게 표현한 사람은 필론일 것입니다. 필론은 아들 요셉이 야생 짐승에게 잡아 먹혔다는 소식을 듣고 슬퍼하는 야곱의 모습을 상상해서 다음과 같이 묘사합니다. "그 족장이 한탄한다. '애야, 내가 슬픈 것은 단지 네가 죽었다는 소식 때문이 아니라, 그 방식 때문이다. 네가 네 땅에 묻혔다면[etaphes], 나는 위로를 받고 병상을 지켜보며 간호하고, 네가 눈을 감을 때 마지막 작별 인사를 나누고, 너의 눈을 감기고, 거기에 누워 있는 너의 몸을 보며 울고, 값비싼 장례를 치르고, 관습상의 의식을 모두 치렀을 것이다'(*De Iosepho* 22-23)."

이 가상의 비가는 이어서 적절한 매장의 중요성을 이야기합니다.

그리고 사실 만약 네가 폭행을 당해 죽거나 계획적으로 살해당했다면, 차라리 내 마음이 덜 아팠을 것이다. 그래도 너를 해친 것이 사람이었다면, 그들이 죽은 너를 불쌍히 여기고 흙을 조금이라도 모아 시체를 덮어 주었을 테니 말이다. 그들이 가장 잔인한 인간이었다면 묻지 않고 내버려두고 제 갈 길을 갔을 것이고, 아마도 어떤 행인이 발걸음을 멈추고 보았다면 인간의 본성상 불쌍히 여기고 매장의 관습이 마땅하다고 생각했을 것이다. (*De Iosepho* 25)

야곱은 요셉의 유품이 아무것도 남아 있지 않으니 자신에게 그보다 더한 비극은 없으며 아들의 시신을 매장할 가능성이 전혀 없다고 말하면서 애도를 마무리합니다(26-27). 적절한 매장에 대한 유대인의 감수성을 이보다 더 설득력 있게 표현하기는 힘들 것입니다.

적절한 매장에 대한 관심은 1세기 이후로도 계속 이어졌습니다. 랍비들에게 죽은 사람을 매장하는 것은 율법 연구나 아들의 할례 또는 유월절 양을 바치는 것보다 우선하는 신성한 의무로 여겨졌습니다(참조. *b. Megillah* 3b). 실제로, 대제사장이나 나실인이라도 그들 외에 시신을 매장할 사람이 없을 때는 '방치된 시체'를 매장할 의무를 지녔습니다[참조. (민수기 6:6-8에 관한) *Sipre Num.* §26].

죽은 자를 매장하는 두 번째 이유는 이스라엘 땅이 더럽혀지는 것을 피하기 위해서입니다. 이 요구의 근거는 모세 율법입니다. "사람이 만일 죽을 죄를 범하므로 네가 그를 죽여 나무 위에 달거든, 그 시체를 나무 위에 밤새도록 두지 말고 그날에 장사하여, 네 하나님 여호와께서 네게 기업으로 주시는 땅을 더럽히지 말라. 나무에 달린 자는 하나님께 저주를 받았음이니라"(신 21:22-23). 같은 내용이 에스겔서에도 나옵니다. "그들이 사람을 택하여 그 땅에 늘 순행하며 매장할 사람과 더불어 지면에 남아 있는 시체를 매장하여 그 땅을 정결하게 할 것이라.…그들이 이같이 그 땅을 정결하게 하리라"(겔 39:14, 16).

이 전통은 시대의 전환기에도 여전히 유지되었는데, 사해 두루마리 중 하나인 성전 두루마리(Temple Scroll)에 나오는 상세한 설명에서 그 사실을 확인할 수 있습니다.

> 만약 어떤 사람이 자기 백성을 배반해 외국에 넘겨주어 자기 백성에게 악을 행하면, **너희는 그 사람을 죽을 때까지 나무에 매달아라**. 증인 두세 명이 증언하면 그를 사형에 처할 것인데, 증인들이 직접 그를 나무에 매달아야 한다. 만약 어떤 사람이 중죄를 범하고 다른 나라로 도망가 자기 백성과 이스라엘 자손을 저주하면, **그 사람 역시 죽을 때까지 나무에 매달아라**. 하지만 그의 시신을 밤새 나무 위에 두어서는 안 된다. 너희는 반드시 그날 그를 묻어야 한다. 사실, 나무에 매달린 자는 하나님과 사람의 저주를 받은 자이지만, 너희는 내가 너희에게 유업으로 주는 땅을 더럽혀서는 안 된다[신 21:22-23]. (11QT 64:7-13a = 4Q524

frag. 14, lines 2-4, 저자 강조)

신명기 21:22-23은 사형당한 자를 나중에 나무에 매다는 것을 이야기하지만, 11QTemple은 '죽을 때까지' 나무에 매다는 것을 이야기합니다. 대부분은 후자의 내용이 십자가형을 염두에 두었을 것이라고 생각합니다[4Q169 frags. 3-4, col. i, lines 6-8과 4Q282i처럼 4Q282i는 사람들을 미혹한 자들을 매단 것(아마도 십자가형)을 언급한다]. 이러한 처형은 특히 반역죄와 관련이 있었습니다.

처형된 사람이 **사망 당일에** 매장되어야 한다는 점도 강조해야 합니다. 신명기는 단순히 "그날에 장사하라"고 하지만, 성전 두루마리는 "그의 시신을 밤새 나무 위에 두어서는 안 된다"라고 말합니다. 사망 당일(혹은 저녁)에 시신을 내려 매장해야 하는 이유는 땅을 더럽히지 않기 위해서입니다. 왜냐하면 처형된 사람은 "하나님의 저주를 받았기" 때문입니다. 적군 전사자에 관한 우려의 배후에 깔려 있는 것도 이런 논리일 것입니다.

사해 지역에서 발굴된 또 다른 유명한 두루마리인 전쟁 두루마리(War Scroll)의 한 단편의 결론에는 몰락한 깃딤(즉, 로마)과 그 동맹자들이 언급됩니다. 그들의 시신이 매장되지 않은 채 전쟁터에 널브러져 있었는데, 그 시신들 위에 대제사장을 포함한 제사장들이 서서 하나님을 찬양했다는 내용이 있습니다. 제사장들이 한 말의 내용은 보존되어 있지 않지만(1QM 19:9-14=4Q492 frag. 1, lines 8-13), 아마도 그들은 시신의 매장과 땅의 정화를 감독한 것으로 보입니다. 이와 관련된 4Q285, 즉 전쟁 규칙(Rule of War)도 단편적이지만 이러한 해석을 뒷받침합니다. 이스라엘이 깃딤에 거둔 승리를 기념하는 동안(성경에 기록된 위대한 승리들처럼 소고 치고 춤추는 여성들이 존재한다; 참조. 출 15:20; 삿 11:34; 아마도 또한 4Q163 frag. 25, col. iii, lines 1-3), 대제사장은 시체의 불결함을 피하기 위해 시체를 처리하라는 명령을 내려야 합니다 [4Q285 frag. 7, lines 1-6, 특히 lines 5-6; 참조. frag. 10, lines 4-6: "그리고 너희는 (적의 탈취물을 먹고…그리고 그들은) 그들을 위해 무덤을 팔 것이며 (…그러면 너희는) 그들의 모든 시체에서 (자신을 정결케 할 것이다")]. 그렇다면 이 내용은 "죽은 자를 벗기고, 전리품을 약탈하고, **땅을 정결케 하는**" 자를 언급하는 전쟁 두루마리의 의미를 설명해 주는 것입니다(1QM 7:2-3, 저자 강조). 땅을 정결케 하는 것에는 적의 시체를 묻는 것이 포함됩니다.

성전 두루마리는 거룩함을 이야기하는 한 대목에서 이스라엘을 향해 다음과 같이 명령합니다. "너희는 네 하나님 여호와의 성민이라(신 14:2). '그러므로 너희는 너희 땅을 더럽히지 말라'(민 35:34). 너희는 열방이 하는 것처럼 해서는 안 된다. 그들은 죽은 자를 아무 곳에나, 심지어 집 안에도 매장한다. 하지만 너희는 죽은 자를 묻을 장소를 너희 땅 안에 따로 정해야 한다. 네 개의 성읍마다 한 곳씩 매장지를 지정하라"(11QT 48:10-14). 여기서 중요한 것은 사형당한 범죄자의 경우도 적절하게 매장할 것을 기대했다는 점입니다. 그런 자들의 경우에는, 적어도 살이 썩기 전까지는 가족무덤에 매장하는 것이 금지되거나 공개적인 애도가 허용되지 않는 등 다양한 제한이 있었지만, 신명기 21:22-23에 나오는 성경의 명령과 그와 함께 형성된 유대인의 관습에 따라 그들의 매장도 이루어져야 했습니다.

이 성경의 명령을 (특히 토비트기에서 예시된 바와 같은) 경건함과 시체의 부정함 그리고 땅의 더럽혀짐을 피하라는 전통과 묶어서 생각해 보면, 통상적인 환경(즉, 평화로운 때)에서는 어떤 시체도 매장하지 않은 채 방치해서는 안 된다는 것을 강력하게 시사합니다. 거기에는 유대인과 이방인, 무고한 자와 죄지은 자의 구분이 없습니다. 모든 시체가 매장되어야 했습니다. 특히 흥미로운 사실은 앞서 검토한 몇몇 전통이 이런 의무를 특정해서 제사장과 연결하거나, 심지어 이런 의무가 (쿰란의 자료들이 보여 주듯이) 제사장에 의해 만들어졌을 수도 있다는 점입니다. 이 이야기가 사실이라면, 이러한 법과 전통들이 나사렛 예수의 처형 및 그 여파와 관련이 있다는 것이 더욱 분명해집니다. 왜냐하면 예수님을 사형에 처하고 그분의 시체를 적절하게 매장되도록 감독할 주요한 책임을 진 이들이 지도층 제사장들이었기 때문입니다.

우리는 매장에 대한 유대인의 태도에 관한 가장 중요한 문헌 증거들을 살펴보았습니다. 그렇다면 고고학적 증거들로부터는 무엇을 배울 수 있을까요?

로마 시대의 매장에 관한 고고학적 증거

공교롭게도 본디오 빌라도의 명령을 따라 십자가에 못 박힌 나사렛 예수의 시신이 과연 신약 복음서의 증언대로 무덤에 안치되었는지와 직접적 관련이 있는 중요한 고고학적 증거가 있습니다. 앞으로 살펴보겠지만 그 증거에 따르면 예수님은 정말로 매장되었으며, 그것은 유대인의 관습, 유대인의 관습에 대한 로마의 관용, 고대 후기의 모든 기독교 및 비기독교 문헌에 나타난 견해와 일치합니다. 사실 예수님이 매장되지 않았다는 고대의 증거는 조금도 없으며, 이런 생각과 소문이 어떻게 지속되는지 더욱 궁금해집니다.

1968년에 중요한 납골함이 발굴되었습니다. 그것은 십자가에 처형된 것이 분명한 예호하난(Yehohanan)이란 이름의 유대인 남자의 납골함입니다[기브앗 하미브타르(Giv'at ha-Mivtar)에서 발굴된 1번 무덤에서 나온 4번 납골함]. 이 납골함은 예수님이 어떻게 십자가에 처형되었을지에 관한 고고학적 증거와 통찰을 제공합니다. 그 납골함과 내용물은 주후 20년대 말, 즉 예수님을 십자가에 넘긴 로마의 지방 장관 빌라도의 통치 기간에 만들어진 것입니다. 쇠못의 잔해(길이 11.5센티미터)가 오른쪽 발뒤꿈치뼈(또는 종골)에 여전히 박혀 있는 모습이 분명하게 확인됩니다. 예호하난의 시신을 수습한 사람들이 그 못을 제거할 수 없었던 것으로 보이고, 그 결과 (올리브나무의) 나뭇조각이 쇠못에 여전히 고정되어 있습니다. 그리고 나중에 쇠못과 나뭇조각을 포함한 시체의 뼈대 잔해가 납골함에 안치되었을 것입니다. 유골에 대한 법의학적 조사는 예호하난이 팔을 벌린 채 가로틀이나 나무에 매달린 채 십자가에 못 박혔다는 견해를 뒷받침합니다. 하지만 그의 팔이나 손목이 이 십자가형 틀에 못 박혔다는 증거는 없습니다.

예호하난의 손이나 손목에 못이나 쐐기가 없다는 사실은 십자가형에 쓰이는 밧줄을 언급한 대 플리니우스(Pliny the Elder, 주후 23-79년)의 보고와 일치합니다(참조. *Nat. Hist.* 28.4). 하지만 많은 십자가형의 희생자들은 손이나 손목이 대들보에 못 박혔다고 기록한 다른 사람들이 있습니다. 주전 2세기에 쓴 희곡에서 플라우투스(Plautus)는 "팔과 다리에…이중으로 못이 박힌" 십자가형의 희생자를 언급합니다(*Mostellaria* 359-361). 주후 3세기의 한 저자는 십자가형을 이렇게 묘사했습니다. "사지를 쭉 늘인 채로 형에 처해졌다.…그들은 포박당한 채 가장 끔찍한 고통을 당하며 말뚝에 못 박혀, 맹금류의 사악한 먹이요, 개들에게는 잔인한 사냥감이 되었다"(Ps. Manetho, *Apotelesmatica* 4.198-200). 폼페이우스에서 발견된 한 라틴어 비문에는 "십자가에 못 박혀 있기를!"(*CIL* IV. 2082)이라고 쓰여 있습니다.

예호하난의 다리뼈는 부러진 상태였습니다. 그런데 다리뼈가 언제(즉, 아직 십자가에 매달린 상태에서 혹은 십자가에서 내려진 후), 어떻게 부러진 것인지 대해서는 의견이 분분합니다. 어떤 사람은 발의 목말뼈가 절단된 것을 포함하여 예호하난의 아랫다리 뼈가 부러진 것이 사형수의 죽음을 재촉하기 위해 뼈를 부러뜨리는 '크루리프라기움'(*crurifragium*) 때문이라고 생각합니다. 하지만 목말뼈가 그런 손상을 입지 않았다고 생각하는 사람도 있습니다. 문제의 목말뼈는 사실 같은 납골함에 안치된 다른 두 사람 중 하나의 뼈일 수도 있습니다. 따라서 예호하난의 다리뼈가 죽음과 시체 처리 전에 부러졌다는 결론은 여전히 논란의 대상입니다. 유골의 노후화와 손상으로 인해 어느 정도의 불확실성은 남습니다.

만약 예호하난이 죽기 전에 다리가 부러진 것이라면, (납골함에서 그의 유해가 발견된 것에서 알 수 있듯이) 그의 시신이 십자가에서 내려져 매장되었을 뿐만 아니라, 그의 죽음이 의도적으로 앞당겨졌음을 알 수 있습니다. 이런 방식으로 죽음을 서두른 가장 유력하고 설득력 있는 설명은, 해지기 전에 시신을 내려 무덤에 안치하기 위해서였다는 것입니다. 그것은 성경의 명령과(신 21:22-23), 유대인의 관습에 따른 것이었습니다. 로마인에게는 십자가형을 통해 죽음을 앞당길 이유가 없었고, 오히려 그 반대를 더 선호했을 것입니다.

기브앗 하미브타르에서 발굴된 무덤에서는 참수당한 여성의 유골이 발견되었습니다. 그 여성이 살해되었는지 아니면 처형되었는지는 확실하지 않습니다. (이 여성이 처형되었을 것이라고 생각하는 이유를 아래에서 제시할 것입니다.) 하지만 예호하난처럼 처형되어 결국 유해가 가족무덤에 안치된 또 다른 사람의 유골을 발견했을 가능성이 있습니다. 이 유골은 예루살렘 북쪽 스코푸스 산의 무덤군에서 발견되었습니다. C 무덤에서 발견된 (50세에서 60세 사이의) 한 여성의 유골에는 물리적 공격을 받았다는 확실한 증거가 있습니다. 오른쪽 팔꿈치가 깊은 상처를 입어 위팔뼈의 끝부분이 절단되었습니다. 재생이나 감염의 흔적이 없기 때문에, 그 공격으로 사망한 것으로 추측됩니다.

C 무덤에 묻힌 사람들과 친척인 이들의 유해가 있는 D 무덤에서는 참수된 남성(50세)의 유해가 발견되었습니다. 이 남성은 C 무덤에 있는 여성 친척을 살해했기 때문에 처형되었을 가능성이 있습니다. 하지만 체질 인류학자인 조 지아스(Joe Zias)는 그 남성이 처형되었다는 것을 의심합니다. 왜냐하면 그의 목에 두 번의 타격이 있었기 때문입니다. 지아스는 목을 두 번 가격당한 것은 사법적 처형보다는 폭력 행위를 암시한다고 추론합니다. 지아스의 설명이 물론 맞을 수도 있지만, 우리는 사법적 처형이 항상 깔끔하게 이루어졌을 것이라고 가정해서는 안 됩니다. 1685년 몬머스 공작 제임스를 처형할 때, 몇 차례의 빗나간 타격 후에야 마침내 참수되었다는 사실을 떠올려 보시면 됩니다. 사형 집행인

이 술에 취한 상태였던 것이 분명합니다. 그가 처음 휘두른 도끼는 공작의 어깨에 꽂혔습니다! 그보다 한 세기 전 스코틀랜드의 여왕 메리의 사정도 비슷했습니다. 1586년 그녀의 사촌인 엘리자베스 1세가 그녀를 반역죄로 처형했을 때, 사형 집행인이 그녀를 참수하는 데는 세 번의 타격이 필요했습니다.

너무 끔찍한 자료를 계속 언급해서 유감이지만, 여기서 중요한 점을 짚고 넘어가야 될 것 같습니다. 다른 이들의 주장처럼 여러 번 타격을 가했다는 것이 그 참수가 사법적 처형이 아니라는 증거일 수는 없습니다. 나는 (대부분 영국에서, 일부는 아프리카에서) 발굴된 로마 시대의 유골 중 참수당한 것으로 확인된 수백 개에 대한 증거를 검토했습니다. 그중 절반 정도는 머리가 몸통에서 분리되기 전 두 번 이상 칼이나 도끼로 타격이 필요했습니다.

이 주제와 관련하여 특히 흥미로운 점은 15세기 영국 타우턴(Towton)에서 벌어진 혈투 뒤에 남긴 대규모 무덤이 발견되었다는 것입니다. 훨씬 후대의 유골이지만, 그 유골들이 여전히 알려 주는 바가 많은 이유는 사용된 무기와 전투 방식이 본질상 초기 로마 시대와 같기 때문입니다. 사망자 수백 명 중 절반가량은 머리에 치명상을 입었고, 나머지 절반은 칼이나 창에 몸통이 찔려 치명상을 입었습니다. 희생자 중 단 한 명만이 참수를 당했는데, 이는 실제 사망의 원인이 아니라 사후 모욕이었을 것입니다. 요점은 이것입니다. 전투원이 도끼와 칼로 무장한 총력전에서 아무도 참수당하지 않았다면(또는 기껏해야 한 명뿐이라면), 가정 내 다툼에서 누군가 참수당할 확률은 얼마나 될까요? 제 생각에는 희박합니다.

따라서 기브앗 하미브타르 D 무덤의 남성은 아마도 사형을 당한 또 다른 사람일 것이고(비록 사형을 완료하는 데는 두 번의 타격이 필요했지만), 그의 유해가 적절한 시기에 가족무덤에 안치된 것입니다. 조 지아스에게 충분한 존경을 표하면서, 이는 예수님 시대에 처형을 당했지만 유대인의 관습에 따라 매장된 세 명의 사례(십자가형을 당한 한 사람, 참수당한 두 사람)를 발견했다는 것을 의미한다고 생각합니다. 그들은 먼저 (대부분 불명예스러운 장소에, 즉 처형된 범죄자들을 위해 준비된 무덤 중 한 곳에) 일차로 매장되었다가, 나중에 유해가 수습되어 납골함에 보관된 후 이어서 가족 묘지에 안치되었을 가능성이 큽니다. 이 모든 절차는 고대 유대 문헌에 나오는 관련 법과 관습에 따라 진행되었을 것입니다.

그런데 '예수님의 형제, 요셉의 아들, 야고보'라는 글귀가 새겨진 납골함이 존재하고, 그 납골함이 본래 예수님 형제의 유골을 담고 있었다면, 우리에게는 처형을 당했지만 유대인의 관습에 따라 적절한 매장 절차를 밟은 사람의 사례가 하나 더 있는 것입니다. 요세푸스에 따르면, 로마의 지방 총독 페스투스(개역성경의 베스도―옮긴이)가 죽은 지 얼마 지나지 않은 62년, 대제사장이자 전임 대제사장 가야바의 처남인 아나누스가 예수님의 형제

야고보와 다른 몇 사람(그리스도인?)의 처형을 명령했습니다. 새로 임명된 로마의 지방 총독 알비누스가 도착했을 때, 아나누스는 자리에 물러난 후였습니다(*Ant.* 20.197-203). 흥미로운 점은 비록 야고보가 단죄되고 처형되었음에도 그의 시신이 매장되었다는 사실입니다.

그런데 왜 주전 70년 이전 이스라엘에서 처형된 유대인이 매장된 유해는 서너 구만 발견되었을까요? 이보다 더 많은 사람이 처형되었음은 확실합니다. 내가 주장한 대로 다른 처형자들도 제대로 매장되었다면, 왜 우리는 처형된 사람들의 유해를 더 많이 발견하지 못한 것일까요? 이에 따라 일부는 다음과 같이 주장합니다. 1세기 예루살렘 인근에서 수천 명의 유대인이 십자가형을 당했다는 점에 비추어 볼 때, 합당하게 매장된 십자가형 희생자가 단 한 명만 발견되었을 뿐이라는 사실은 매장을 허용하지 않는 로마의 일반적 관행이 유대 팔레스타인 지방에서도 통용되었다는 것입니다. 이러한 논리를 따른다면 아마 예수님도 매장되지 않았다고 결론 내려야 할 것입니다.

이 추론에 대해 적어도 네 가지 이의를 제기해야만 합니다. 첫째, 예수님 시대의 유골은 거의 모두 제대로 보존되지 않았습니다. 특히 통상 십자가형의 증거를 제공할 수 있는 손과 발의 작은 뼈의 보존 상태가 안 좋습니다. 예호하난의 오른쪽 발뒤꿈치에 박힌 쇠못의 존재가 그가 십자가형을 당했다는 확실한 증거였는데, 사실 그 쇠못이 남은 것이 요행입니다. 아마도 그 쇠못을 수직으로 된 틀에 매듭을 묶어 고정했던 탓에 날카로운 쪽 끝이 (낚싯바늘처럼) 뒤로 구부러졌고, 예호하난을 십자가에서 내릴 때 그 못이 뽑히지 않았던 것입니다. 따라서 어떤 통계도 이 특이한 발견을 근거로 삼아 추론해서는 안 됩니다.

둘째, 십자가형을 당한 많은 희생자가 채찍질을 당하고 매를 맞았고, 그 후에 십자가에 달릴 때 못 박힌 것이 아니라 묶여서 매달렸습니다. 그러니 유골에는 십자가형과 관련된 외상 흔적이 전혀 남지 않았을 것입니다. 따라서 예호하난을 무덤에서 발견된 유일한 십자가형의 희생자라고 단언할 수 없습니다. 우리가 알지 못하는 사이에 다른 여러 십자가형 희생자들이 발견되었을 수도 있습니다.

셋째, 보존 상태가 가장 좋은 유골이 발견되는 곳은 가장 잘 건축된 무덤의 납골실이나 납골함입니다. 이런 무덤은 대부분 가난한 사람이 아닌 부자들의 무덤입니다. 가난한 사람은 보통 땅이나 더 작은 자연 동굴에 묻혔습니다. 가난한 사람의 해골은 그리 많이 발견되지 않습니다. 이 사실이 중요한 이유는 십자가형을 당할 가능성이 큰 것이 부자나 권력자가 아닌 가난한 사람들이기 때문입니다. 따라서 십자가형의 증거를 제공할 가능성이 가장 높은 해골은 보존 가능성이 가장 낮은 유골이고, 가장 잘 보존된 유골은 십자가에 처형된 사람의 것일 가능성이 가장 낮은 해골입니다.

넷째, 1세기 예루살렘 인근에서 십자가형을 당한 후 매장되지 않고 방치된 수천 명의 유대인 중 대다수는 주후 66-70년의 반란 전쟁 동안 사망한 이들입니다. 그들이 매장되지 못한 이유는 로마가 유대 민족과 전쟁 중이어서 유대인의 보편적 정서를 수용할 의사가 없었기 때문입니다. 평화로운 시기였다면 로마가 보통 수용했지만 말입니다. 예호하난과 나사렛 예수가 십자가에 처형된 때는 평화로운 시기인 본디오 빌라도의 통치 기간이었습니다. 두 사람이 모두 유대 관습에 따라 매장되었다는 사실은 전혀 놀랍지 않습니다. 필론과 요세푸스가 언급한 것처럼, 유대 제사장 지도층은 예루살렘의 정결을 지킬 것을 (또는 적어도 그렇게 보이도록 할 것을) 요구받았고, 로마 당국은 유대인의 관습과 정서를 묵인했기 때문입니다.

고고학적 증거에 따르면 예수님과 평화로운 시기의 이스라엘에서 처형된 다른 유대인들은 유대인의 법과 관습을 따라, 명예롭게는 아니어도 합당하게 매장되었습니다. 나사렛 예수의 경우, 사망한 지 약 1년 후에 그의 해골을 수습하여 불명예스러운 곳에서 가족무덤이나 매장지 같은 명예로운 장소로 옮길 예정이었을 것입니다. 역사적, 문헌학적 기록을 살펴보면, 더 많은 사실을 확인할 수 있습니다.

로마 세계에서 처형된 범죄자의 매장과 비매장

예수님의 매장에 관한 복음서의 이야기에 문제가 있다며 이의를 제기하는 사람들이 있습니다. 그들의 주장은 로마 당국에 의해 십자가형을 당한 희생자들은 보통 매장되지 않았고, 오히려 그 시체를 십자가에 매단 채 방치하여 새와 동물이 뜯어 먹게 했다는 자료에 주로 의존합니다. 이것이 로마의 일반적인 관행이었다는 점에는 의문의 여지가 없습니다. 마르틴 헹엘(Martin Hengel)은 이와 관련된 자료들을 대부분 수집했습니다. 몇 가지 사례를 인용해 보겠습니다. "독수리가 소와 개의 시체를 먹다가 서둘러 날아와 새끼에게 줄 사체 일부를 뜯어 간다"(Juvenal, *Satires* 14.77-78), "사체를 먹는 새들이 곧 그 사람의 '매장'을 진행할 것이다"(Suetonius, *Augustus* 13.1-2), "십자가에 달려 까마귀들의 먹이가 된다"(Horace, *Epistles* 1.16.48). 그리고 앞서 인용한 글에서는 십자가에 못 박힌 희생자를 "맹금류의 사악한 먹이요, 개들에게는 잔인한 사냥감"이라고 묘사합니다(Ps. Manetho, *Apotelesmatica* 4.200). 2세기의 한 비문에는 고인을 살해한 노예가 "산 채로 십자가에 못 박혀 야생 짐승과 새들의 밥이 되게 했다"고 적혀 있습니다(Amyzon, cave I). 다른 많은 본문도 이런 끔찍한 세부 사항은 비록 생략하지만, 적절한 매장이 거부되었음을 언급합니다(예를 들면, Livy 29.9.10; 29.18.14).

그런데 여기서 문제가 되는 것은 일부 학자들의 잘못된 가정입니다. 그들은 주후 69-70년의 포위 기간 동안 수백, 심지어 수천 명의 유대인이 십자가형을 당하고 예루살렘 성벽 밖에서 십자가에 매달린 채 방치된 것이 로마 시대 팔레스타인의 일반적인 관행을 보여 주는 사례라고 생각입니다. 하지만 요세푸스의 글을 검토해 보면, 반대로 처형된 시체를 매장하지 않은 채 방치한 것이 일반적이지 않고 예외적인 일이었음을 시사합니다. 사실 이는 유대 팔레스타인 지방의 일반적인 로마 관행과는 다른 방식이었습니다. 물론 어떤 상황에서는 처형된 사람들을 매장하지 못했다는 역사적 증거가 존재하지만 말입니다.

안티오코스 4세(주전 167-164년)에게 저항한 유대인들은 십자가형을 당했습니다(*Ant.* 12.255-256). 이 사람들의 매장이 거부되거나 허용되었는지 혹은 지연되었는지에 관한 기록은 없습니다. 하지만 안티오코스가 유대인을 공포에 떨게 해 항복을 받아낼 요량으로 일반적인 유대인의 매장 관습을 허용하지 않았을 것이라고 가정할 수 있습니다. 두 세대 후, 하스몬 왕조의 대제사장 알렉산드로스 얀나이오스는 데메트리오스(Demetrius)와 동맹을 맺은 정치적 반대자들 약 800명을 십자가에 처형했습니다(*Ant.* 13.380). 나훔 페쉐르(*Nahum pesher*, 4Q169 frags. 3-4, col. i, lines 6-8)에서 언급된 내용이 이 사건으로 보입니다. 헤롯의 죽음(주전 4년) 이후 일어난 반란을 진압하면서 로마 장군 바루스

(Varus)는 반군 2천 명을 십자가에 처형했습니다(*J.W.* 2.75; *Ant.* 17.295). 지방 총독 티베리우스 알렉산드로스(Tiberius Alexander, 주후 46-48년)는 반역자 갈릴리 유다의 아들들을 십자가에 처형했습니다(*Ant.* 20.102). 주후 52년 어느 시점에 쿠아드라투스(Quadratus)는 쿠마누스(Cumanus)의 통치 기간 소요 사태에 연루된 사마리아인과 유대인을 십자가에 못 박았습니다(*J.W.* 2.241; *Ant.* 20.129). 지방 총독 펠릭스(주후 52-60년)는 수많은 반란군을 십자가에 처형했습니다(*J.W.* 2.253). 지방 총독 플로루스(주후 64-66년)는 자신을 모욕했다는 이유로 예루살렘에서 많은 사람을 채찍질하고 십자가에 처형했습니다(*J.W.* 2.306). 예루살렘을 포위 공격하는 동안(주후 69-70년) 티투스 장군은 반란군의 사기를 꺾기 위해 성벽 반대편에서 유대인 포로들과 도망자들을 십자가에 처형했습니다(*J.W.* 5.289, 449).

요세푸스는 이 십자가형 희생자들의 매장 여부를 언급하지 않는데, 아마도 이러한 사례들은 십중팔구 매장되지 못했을 것으로 독자들이 전제했을 것이기 때문입니다. 그리고 이러한 경우는 대부분 어떤 형태든 전쟁이나 반란과 관련된 것이었습니다. 매장이 이루어지지 않았다는 점을 요세푸스가 언급한 사례들은 모두 유대인 반란군의 손에 의한 살인이나 처형과 관련된 경우입니다. 요세푸스는 살해당한 제사장들의 시신을 반란군이 묻지 않고 능욕한 처사에 분개하면서 "유대인들은 장례 절차에 매우

신경을 쓰기에 십자가형을 선고받은 범죄자조차 해가 지기 전에 내려서 매장한다"고 언급했습니다(*J.W.* 4.317). 요세푸스는 많은 유대인 귀족을 처형한 반역자들이 죽은 자의 매장은커녕 애도조차 허용하지 않는다고 수차례 비난했습니다(*J.W.* 4.331, 360, 383; 5.518, 531).

이러한 비매장 사례는 대부분 한편으로는 공개적인 반란이나 무력 충돌, 다른 한편으로는 폭도들의 행위나 무정부 상태와 연루되어 있었습니다. 이러한 사례 중 어떤 것도 평상시 로마 행정의 통상적이거나 전형적인 사례라고 할 수 없습니다. 이러한 사례는 예외적인 경우로, 로마가 그 지역에 대한 통제권을 얻거나 되찾으려는 시도 혹은 민간인들을 공포에 빠뜨리려는 목적이 포함되어 있었습니다. 유대 지방의 십자가형과 후대 로마의 십자가형 사이의 주요한 차이는 전자의 경우 적어도 유대인이 거주하는 땅에서 십자가형을 당했을 때는 시체가 수습되었다는 점입니다(참조. Philo, *Flaccus* 83). 유대의 성읍 인근에는 해가 질 때까지 매장되지 않은 채 방치되는 시체가 없었고, 이것은 모세의 율법과 일치합니다(참조. 신 21:23). 더욱이, 시체의 부정함에 관한 엄격한 유대 율법과 죽은 자, 심지어 범죄자의 시체라도 경건하게 대하는 유대인의 태도로 인해, 시체를 예루살렘 성벽과 성문 밖에 방치한다는 것은 상상할 수 없는 일이었습니다.

평상시 팔레스타인 지방의 행정은 매장에 대한 유대인의 정서를 존중한 것으로 보입니다. 실제로 필론과 요세푸스 둘 다 로마 행정이 유대인의 관습을 묵인했다고 주장합니다. 필론은 카이사르에게 간청하면서 "유대인들이 빌라도에게 방패(빌라도가 로마 황제 티베리우스의 이름이 새겨진 방패를 성전 안에 걸었다고 한다―옮긴이)로 인해 자신들의 전통이 침해된 문제를 시정해 주고, 이전의 모든 시대에 왕들과 황제들의 방해 없이 지켜졌던 관습을 어지럽히지 말아 달라고 요청했다"고 언급합니다(*De Legatione ad Gaium* 300). 한 세대 후, 요세푸스도 같은 이야기를 합니다. 그는 로마인들이 "신민들에게 그들의 국내법을 위반하라"고 요구하진 않는다고 말합니다(*Against Apion* 2.73). 요세푸스는 아그리파 1세의 뒤를 이은 로마의 지방 총독들이 "그 땅의 관습에 대한 모든 간섭을 삼가서 그 땅의 평화를 유지했다"라고 덧붙입니다 (*J.W.* 2.220).

헤롯 안티파스가 세례 요한에게 한 행동도 이러한 정책과 일치합니다. 세례 요한이 분봉왕에 의해 처형되었는데도, 제자들이 그의 시신을 매장하는 것이 허용되었습니다(막 6:14-29; Josephus, *Ant.* 18.119).

유대 환경 밖의 로마 법도 때때로 십자가에 처형된 자의 시신을 수습하고 매장하는 것을 허용했습니다. [『학설휘찬』(*Digesta*)으로 알려진] 로마법 학설집에는 다음과 같은 제한 사항이 존재합니다.

사형 선고를 받은 이들의 시신은 그들의 친척들에게 거부되어서는 안 된다. 그리고 신성한 아우구스투스는 그의 『생애』(*Life*) 제10권에서 이 규칙이 준수되었다고 말했다. 현재, 형벌을 받은 사람들의 시신을 매장하는 것은 오직 요청이 들어오고 허가를 받은 경우에만 가능하다. 특히 반역죄로 유죄 판결을 받은 사람의 경우에는 매장이 허용되지 않는 경우도 있다. (48.24.1)

형벌을 받은 사람의 시신을 매장할 목적으로 요청하는 사람이 있다면 누구에게든 내주어야 한다. (48.24.3)

『학설휘찬』은 십자가에 달린 자들의 시체를 내리겠다는 요청에 대해 언급합니다. 요세푸스 자신도 티투스에게 이런 요청을 합니다(*Life* 420-421). 물론 요청이 있든 없든 로마의 십자가형은 매장을 허용하지 않는 경우가 많았습니다. 매장을 하지 않는 것 자체가 십자가형이 유발하는 공포와 억제 효과의 일부였습니다. 그러나 평상시 예루살렘 성벽 바로 밖에서 일어나는 십자가형은 별개의 문제였습니다. 유대인의 정서와 관습을 고려할 때, 매장이 예상되었고 심지어 요구되었을 것입니다.

지금까지 검토한 증거로 볼 때, 예수님은 실제로 매장되었을 가능성이 높으며, 그분의 시신, 그와 함께 십자가형을 당한 두 사람의 시신이 하룻밤 사이에 십자가에 매달려 무기한 방치되거나 기껏해야 도랑이나 얕은 무덤에 던져져 짐승에게 먹히도록 하지는 않았을 것입니다. 고인이나 유족에 대한 관심과는 별도로, 가장 큰 관심사는 땅과 거룩한 성을 더럽히는 것과 관련 있었을 것입니다. 정치적으로도, 이스라엘이 외세의 지배로부터 해방된 것을 기념하는 명절인 유월절 전날에 빌라도가 유대 민중을 자극하고 민족주의를 선동하기를 원했을 것 같지는 않습니다. 더욱이 예수님의 죽음을 요구했던 고위 제사장들이 고인에 관한 것이든, 시체의 부정함이나 땅의 더럽혀짐에 관한 것이든 유대인의 정서에 전혀 무관심한 것으로 보이기를 원했을 리도 없습니다. 그들은 세 사람의 매장에 대해 이의를 제기하지 않았을 가능성이 높습니다. 실제로 그들은 처형된 범죄자들을 위해 마련된 무덤에 해가 지기 전 그들을 매장하도록 조치를 취했을 것입니다. 이는 미쉬나(참조. *m. Sanhedrin* 6.5-6)와 신약의 복음서에 예수님에 관해 실제로 언급된 내용입니다.

예수님의 매장

1900년대 초, 커숍 레이크(Kirsopp Lake)는 예수님의 추종자들이 그들의 스승이 매장되었다는 사실은 알고 있었지만 단지 어디에 묻혔는지 몰랐을 뿐이라고 주장했습니다. 레이크는 예수님의 부활 이야기를 설명하는 무덤 오류설(Wrong Tomb theory)을 제안한 것으로 유명합니다. 이 이론에 따르면, 예수님의 시신이 범죄자를 위한 무덤에 안치된 것을 확인한 여인들이 그다음 일요일 아침에 찾아간 곳은 비슷하지만 다른 무덤이라고 합니다. 무덤이 비어 있는 것을 발견한 여인들은 그들을 도와주려는 청년의 말("그는 여기에 없고, 저기 위에 있습니다"였다고 제안됨)을 오해했고, 겁에 질려 혼란스러운 상태로 도망쳐 제자들에게 그들이 겪은 이상한 상황을 알렸습니다. 이 보고를 들은 제자들은 예수님이 죽은 자 가운데서 살아나신 것이 틀림없다고 결론 내렸습니다. 하지만 어떻게 예수님의 제자들이 그토록 무능하고 쉽게 속았는지는 설명되지 않습니다.

다른 흥미로운 대체 이론들도 제안되었습니다. 그중 하나는 기절설(Swoon Theory)이라고 불리는데, 부상을 입고 혼수상태에 빠진 예수님이 무덤에 묻혔다가 며칠 후 깨어나서 어떻게든 스스로 빠져나온 다음, 깜짝 놀란 제자들에게 찾아가 부활하고 영화롭게 된 것처럼 보이게 했다는 주장입니다. 하지만 심각한 부상을 입고 제대로 걷지도 못했을 예수님에 대해 어떻게 제자들이 그런 식으로 보았는지는 분명치 않습니다. 그리고 휴 숀필드(Hugh Schonfield)의 『유월절 음모』(The Passover Plot)부터 마이클 베이전트(Michael Baigent)의 어리석은 『지저스 페이퍼』(The Jesus Papers, 이제)에 이르기까지 수많은 음모론이 쏟아져 나왔습니다.

이 모든 대체 이론들은 유대인의 장례 전통과 관련된 고고학적, 문헌학적 증거에 가로막히고 맙니다. 예수님의 추종자들이 그들의 스승이 묻힌 정확한 무덤을 찾을 수 없었을 것이라는 주장이나 아직 살아 있던 예수님이 묻혔다가 깨어나서 무덤을 빠져나왔고 이후에 사람들 눈에 심한 부상을 입어 치료가 필요한 중상자가 아닌 다른 모습으로 인식될 수 있었을 것이라는 주장은 검증된 역사가와 고고학자들에게는 깊은 인상을 남기지 못했습니다. 음모론은 훨씬 더 터무니없어서, 어떻게 그렇게 많은 사람이 그토록 기괴한 사실을 비밀로 간직할 수 있었는지 설명할 수 없을 뿐만 아니라, 애초에 그러한 흉악한 계략을 벌일 만한 합당한 동기도 발견할 수 없습니다.

최근에는 예루살렘과 베들레헴 사이에 위치한 동탈피오트(East Talpiot)에서 (1980년에 발견된) 무덤이 예수님과 그분 가족의 것이라는 주장이 제기되어 논의가 새로운 국면을 맞이했습니다. 이 견해를 지지하는 사람들은 예수님이 합당하게 매장되었다는 사실을 의심하지는 않습니다. 눈에 띄는 점은 그 무덤이 예수님의 가족무덤이며 한때 예수님의 유골이 들어 있었던 납골함이 실제로 발견되었다고 그들이 믿는다는 사실입니다.

하지만 이 이론에도 문제가 많으며, 이 주장에 동의하는 유능한 고고학자가 과연 한 명이라도 있는지 모르겠습니다. 동탈피오트 무덤 가설에서 가장 명백하게 잘못된 주장은 아마도 무덤 입구 위의 원이 들어간 뾰족한 박공이 초기 유대-기독교의 상징이라는 내용일 것입니다. 이 내용은 그 무덤이 실제로 기독교 운동 창시자의 가족 소유였다는 주장을 뒷받침하는 중요한 근거로 거론됩니다. 하지만 뾰족한 박공과 원 기호에 대한 이 해석은 완전히 틀렸습니다. 그와는 반대로 이 상징은 그 무덤에 묻힌 사람들 모두가 아마도 예수님이 공격했던 사람들, 그래서 예수님의 죽음을 요구했던 바로 그 사람들이었을 가능성을 시사합니다.

원 모양이나 로제트 문양 위의 뾰족한 박공은 다른 무덤과 납골함에서도 볼 수 있는데, 그중 일부는 기독교 시대 이전의 것이며, 예수님이나 그분을 따르는 운동과 관련이 있다고 여겨지는 것은 없습니다. 이 예술적인 디자인을 예루살렘에 있는 소위 산헤드린 무덤의 내부와 외부 정면 벽에서 볼 수 있습니다. 이 무덤 단지의 내부 입구 위에서는 아칸서스 잎으로 이루어진 로제트 문양 위의 뾰족한 박공을 볼 수 있습니다. 박공은 외부 입구 위에도 있지만, 거기에 로제트 문양은 없습니다. 이 패턴은 힌놈 계곡 무덤, 여호사밧 무덤 그리고 소위 포도송이 무덤에서도 볼 수 있습니다.

고고학과 유대인의 상징을 다룬 다양한 책에서 우리는 박공과 원 또는 로제트를 묘사한 여러 사진과 그림을 확인할 수 있는데, 그런 문양이 발견되는 곳은 납골함과 무덤의 정면 벽, 동전(예수님의 시대 가울라니티스의 분봉왕 필리푸스가 발행한 것)과 비문 등입니다. 뾰족한 박공과 원 문양이 더 흔하게 발견되는 곳이 있는데, (경전 두루마리를 보관하는) 토라 궤(Torah Ark)입니다. 학자들은 유대인의 장례 예술이 헤로디아 신전의 영향을 받았으며, 이와 같은 뾰족한 박공과 원형 또는 로제트가 자주 묘사되었다고 언급했습니다. 갈릴리 지방 베트 쉐아림(Beth Shearim)의 유대인 무덤들을 발굴한 곳에서도 동일한 예술적 모티프가 확인되었습니다. 여기서도 토라 궤 위에 뾰족한 박공과 원(또는 로제트)이 그려진 인장 돌이 발견되었습니다.

박공과 원형 또는 로제트 패턴은 여러 납골함에서 발견되었습니다. 원형 또는 로제트 패턴이 납골함의 한쪽 면에 있고 그 위에 박공 모양의 뚜껑이 놓이거나, 원형 또는 로제트 패턴이 뚜껑 자체의 옆면에 있어, 동탈피오트 무덤의 입구 위에서 볼 수 있는 바로 그 패턴을 만들어 냅니다. 스코푸스산에서 발견된 납골함은 사면이 모두 신전을 모티브로 한 기념비적 외관을 묘사하고 있어 특히 의미가 깊습니다. 양쪽 끝과 한쪽에는 입구 위에 뾰족한 박공이 있습니다. 이 뾰족한 박공 중 두 개(납골함의 한쪽 끝과 덜 완성된 면)의 아래에 동탈피오트 무덤 입구에서 확인되는 것과 매우 유사한 패턴의 원이 존재합니다.

마지막으로, 박공과 원(또는 로제트) 문양으로 마감된 토라 궤는 회당 예술에서 발견됩니다. 눈에 띄는 사례가 두라 에우로포스(Dura Europos) 회당 벽을 장식한 예술 작품에서 발견되었는데, 그 디자인에는 예루살렘 성전의 모습이 반영되어 있습니다.

증거는 압도적으로 많으며, 위에서 조사한 내용은 단지 몇 가지 사례에 불과합니다. 여기에서 도출해야 할 결론은 매우 분명합니다. 말하자면, 동탈피오트 무덤 입구 위의 뾰족한 박공과 원 문양은 유대교와 관련된 것이지, 예수님이나 초창기 그리스도인들과는 무관하다는 것입니다. 그 상징은 아마 성전을 가리키는 것 같습니다. 더 넓은 탈피오트 지역에 귀족과 대제사장 가문(그중에는 아마도 전 대제사장인 가야바 가족도 포함될 수 있음)의 무덤이 존재한다는 사실, 그리고 동탈피오트 묘지에 있는 모든 이름이 하스모니아 가문의 것이라는 사실을 고려하면, 그 무덤은 아마도 예루살렘 성전과 관련된 부유한 예루살렘 귀족 가문의 것으로 보입니다. 실제로 동탈피오트 무덤에 묻힌 가족 구성원 일부는 지도층 제사장이었을 가능성이 있습니다. 동탈피오트 무덤 위의 박공과 원형 장식이 초기 기독교의 상징이라는 주장은 근거가 없으며, 산더미 같은 반대 증거를 무시하고 있습니다.

이 이론을 지지하는 사람들이 예수님의 시신은 유대인의 관습에 따라 매장되었을 것으로 생각한다는 점은 맞습니다. 그러나 예수님의 뼈와 납골함이 다른 가족들의 유골과 함께 고급 무덤에 안치되었고, 그 주변에는 성전과 제사장 소속임을 나타내는 상징으로 장식된 유대인 귀족의 유골을 보관한 다른 무덤들이 있었을 것이라는 그들의 생각은 완전히 잘못된 것입니다.

요약

문헌학적, 역사적, 고고학적 증거는 한 방향을 가리킵니다. 즉 유대인의 관습에 따라 예수님의 시신이 무덤에 안치되었다는 것입니다. 또한 예수님의 가족과 친구들이 예수님의 시신이 어디에 매장되었는지 전혀 몰랐다거나, 결국 그분의 유골을 회수하여 가족무덤이나 명예로운 다른 장소로 이장할 계획이 없었다고 생각할 만한 타당한 이유도 없습니다.

증거에 비추어 볼 때 나는 신약성경 복음서의 매장 내러티브는 공정하게 읽혀야 된다고 믿습니다. 각 복음서의 기록이 일관성이 있고 알려진 문헌학적, 고고학적 증거와 일치한다면, 그 내용은 받아들여져야 합니다. 지금까지 제기된 많은 회의론은 특히 엄밀하지 않으며, 이 장에서 검토하려고 노력한 유대인의 매장 전통에 대한 무지를 드러낸 경우가 많다고 생각합니다.

복음서는 "빌라도는…요셉에게 시체를 내주는지라.…예수를…무덤에 넣어 두고"(막 15:42-46)라고 말합니다. 유대 율법과 관습에 따르면 처형된 범죄자는 가족무덤에 매장될 수 없었고, 대신 그와 같은 사람들을 위해 따로 마련된 매장 공간에 안치되어야 했습니다(참조. *m. Sanhedrin* 6:5-6; *Semahot* 13.7). 시체가 부패하고 유골만 남을 때까지 거기에 두어야 했습니다. 한 랍비 문헌은 특정해서 십자가형을 당한 어떤 사람과 관련해서 이 점을 언급합니다. "어떤 사람의 (친척이) 그의 도시에서 십자가에 못 박혔다면, 그는 그곳에 계속 거주해서는 안 된다.…언제까지 금지되는가? 육체가 완전히 부패해서 그 뼈를 보고 신원을 확인할 수 없을 때까지 금지된다"(*Semahot* 2.13). 유대 공의회(또는 산헤드린)가 예수님을 처형하라고 로마 당국에 넘겨주었기 때문에, 적절한 장례를 준비하는 것도 공의회의 책임이었습니다(앞에서 인용한 *m. Sanh* 6:5 참조). 이 임무는 공의회의 일원인 아리마대 요셉에게 맡겨졌습니다. 복음서의 내러티브는 평상시 로마 당국이 존중했던 유대인의 관행에 완전히 부합합니다.

복음서는 "막달라 마리아와 요세의 어머니 마리아가 예수 둔 곳을 보더라"(막 15:47)라고 말합니다. 예수님의 가족과 친구들은 그분의 시신이 어디에 안치되는지 유심히 확인해야 했습니다. 왜냐하면 예수님의 시신이 안치된 무덤이 가족무덤도 아니고, 다른 방식으로 그들의 관리 아래 있는 무덤도 아니었기 때문입니다. 본디오 빌라도의 권한 아래 십자가형을 당한 사람인 예호하난의 유골이 이차 매장되었다는 사실은 유대인들이 일차 매장 장소를 확인하고 기억하는 법을 알고 있었음을 입증합니다. 예수님의 가족과 친구들은 아마도 1년 후에 그분의 유골을 다시 수습해서 율법이 허용하는 대로 "비참한 장소에서 명예로운 장소로 옮겨질 수" 있기를 기대했을 것입니다(참조. *Semahot* 13.7; *m. Sanh.* 6:6).

예수님은 금요일 오후에 무덤에 안치되었습니다. 낮 시간 동안 무덤을 방문할 수 있는 첫 번째 기회는 일요일 아침이었습니다. 복음서는 "막달라 마리아와 야고보의 어머니 마리아와 또 살로메가 가서 예수께 바르기 위하여 향품을 사다 두었다가, 안식 후 첫날 매우 일찍이 해 돋을 때에 그 무덤으로 [갔다]"고 기록합니다(막 16:1b-2). 여인들이 예수님의 시신에 기름을 바르려 했다는 사실은 그들에게는 무덤 안에서 스승을 위해 애도하려는 의도가 있었음을 보여 줍니다. 처형된 범죄자의 경우에도 사적인 애도는 허용되었습니다. 앞서 언급했듯이, 향료를 시신에 바르는 것은 불쾌한 냄새를 덮기 위해서였습니다.

여인들은 무덤에 다가가며 "누가 우리를 위하여 무덤 문에서 돌을 굴려 주리요?"라고 묻습니다(막 16:3). 마태복음은 예수님의 시신이 옮겨지는 것을 막도록 경비병을 배치했다고 말합니다(마 27:65-66). 복음서 기자가 처형된 범죄자를 위해 따로 마련된 무덤 근처에 배치된 관리인을 언급한 것은 장례법에 위반되지 않도록 하기 위한 것으로 추정할 수 있습니다. 이런 법들 중 가장 중요한 것은 시신을 불명예스러운 자리에서 명예로운 자리로 옮기는 것을 금지하는 법이었습니다. 경비병이나 관리인은 처형된 범죄자에 대한 공개적인 애도도 막았을 것입니다.

범죄자라는 예수님의 처지와 경비병의 존재(아마도 예수님의 유명세로 인해 강화되었을 것입니다)를 고려하면, 여인들은 예수님의 무덤 입구를 막은 돌을 굴리는 것을 흔쾌히 도와줄 사람이 없을 것을 알았습니다. 그들은 또한 그들의 힘을 합친다고 해도 돌을 옆으로 굴릴 수 없을 것을 알았습니다. 이 시기의 유골을 연구한 결과, 여성의 평균 키는 겨우 150센티미터 정도였고, 몸무게는 45킬로그램 미만인 경우가 많았습니다. 남성의 평균 키는 160센티미터, 몸무게는 60킬로그램이었습니다. 무덤을 봉인한 돌의 무게는 수백 킬로그램에 달했습니다. 옆으로 굴릴 수 있게 만든 둥근 돌도 옮기기가 매우 어려웠을 것입니다. 또한 마가복음서 저자는 그 돌이 심히 컸다고 말합니다(막 16:4b). 그래서 여인들은 어디서 도움을 받을 수 있을지 걱정했습니다. 이렇게 원형 봉인석과 홈이 있는 가장 잘 알려진 예루살렘의 무덤으로는 헤롯 가문 무덤과 (고든의 무덤으로도 알려져 있는) 정원 무덤이 있습니다.

　　복음서에 따르면, 여인들이 예수님의 무덤에 도착했을 때는 그들이 "눈을 들어본즉 벌써 돌이 굴려져" 있는 상태였습니다(막 16:4). 돌이 '굴려졌다'는 표현은 무덤 입구에 둥근 돌이 놓여 있었음을 암시합니다. 고대 후기 유대 팔레스타인에서는 문의 80퍼센트가 사각형이었고, 20퍼센트만이 원형이었습니다. 무덤이 열린 채 비어 있다는 소식에 예수님의 어머니 마리아는 망연자실했을 것입니다. 왜냐하면 그 말은 예수님의 시신이 다른 곳으로 옮겨졌다는 의미이기 때문입니다. 예수님이 금요일에 돌아가셨으므로 일요일은 죽은 지 셋째 날이었습니다. 유대 전통에 따르면, 넷째 날에는 시신의 얼굴을 더 이상 알아볼 수 없습니다. 따라서 여성들은 만약 **그날** 예수님의 시신을 발견하지 못한다면, 아마 이후로는 그 시신의 신원을 절대 확인하지 못할 것이며, 미래에 그 시신에 대한 권리를 요구하고 가족무덤으로 이장하는 것도 불가능하다는 것을 알고 있었습니다. 그들이 일요일 아침에 목도한 상황에 대한 그들의 이러한 해석 방식은 예수님의 부활에 대한 기대가 아니라 유대인의 장례 관습에 의한 것입니다.

관련된 모든 자료를 고려할 때, 우리는 예수님이 돌아가시던 바로 그날 적절한 매장이 이루어졌다고 결론지을 충분한 이유가 있습니다. 예수님은 밤이 오기 전에 십자가에서 내려져 유대인의 관습에 따라 매장되었습니다(막 15:42-16:4; 고전 15:4). 예수님은 범죄자로 처형당했고, 그에 따라 매장되었습니다(*m. Sanh.* 6:5; *Semahot* 13.7). 예수님이 매장되지 않은 채 십자가에 방치되었을 것(이스라엘 밖에서는 보통 그렇게 처리되었습니다; 참조. Suetonius, *Augustus* 13.1-2; Petronius, *Satyricon* 111)이라거나, 그분의 시체가 석회로 덮인 도랑에 던져져 짐승들에게 뜯겼을 것이라는 새로운 제안은 전혀 신빙성이 없습니다. 신성한 땅을 더럽히지 않기 위해 해가 지기 전 시신을 합당하게 매장해야 한다는 의무는 고대 후기 유대인들에게 절실한 사안이었습니다.

게다가 예수님의 제자 중 일부(예를 들어, 복음서의 기록에 언급된 여인들)는 예수님의 시신이 어디 안치되었는지 알았고, 유대 관습에 따라 그 위치를 표시했으며, 나중에 시신에 향수를 뿌리고 애도하려 했을 가능성이 매우 높습니다. 또한 나중에 예수님의 유골을 확보해 그분의 가족 묘지로 이장하려는 의도도 있었을 것입니다.

무덤이 열린 채 예수님의 시신이 사라졌다는 사실을 확인하고 여인들은 혼란에 빠졌습니다. 이 사실로 인해 전혀 예상치 못했던 놀라운 경험을 위한 무대가 마련되었습니다. 이 놀라운 경험은 3장에서 다룰 것입니다.

더 읽을거리

Brown, R. E. "The Burial of Jesus (Mark 15:42-47)." *Catholic Biblical Quarterly* 50 (1988): 233-245.

Evans, C. A. *Jesus and the Ossuaries: What Jewish Burial Practices Reveal about the Beginning of Christianity*. Waco, TX: Baylor University Press, 2003.

McCane, B. R. "'Where No One Had Yet Been Laid': The Shame of Jesus' Burial." In *Authenticating the Activities of Jesus*. Edited by B. D. Chilton and C. A. Evans, 431-452. New Testament Tools and Studies 28.2. Leiden: Brill, 1998.

Meyers, E. M. Jewish *Ossuaries: Reburial and Rebirth*. Rome: Pontifical Biblical Institute, 1971.

Toynbee, J. M. C. *Death and Burial in the Roman World*. Ithaca, NY: Cornell University Press, 1971.

3장
부활의 놀라움'

톰 라이트

- 이 장에 요약된 논증에 대한 자세한 내용은 톰 라이트의 다른 두 책에서 확인할 수 있습니다. 『마침내 드러난 하나님 나라』(Surprised by Hope: Rethinking Heaven, the Resurrection, and the Mission of the Church, IVP)의 3-4장, 그리고 그 책의 근간이 되는 주장을 광범위하게 해설한 『하나님의 아들의 부활』(The Resurrection of the Son of God, CH북스)을 참고하시기 바랍니다.

부활은 지금도 여전히 논란거리입니다. 심지어 그리스도인 사이에서도 마찬가지입니다. 학문적이든 대중적이든 경험한 바에 따르면, 이는 부분적으로 오늘날 많은 그리스도인이 부활이라는 단어를 매우 느슨하게 사용하여, 1세기 당시 부활이 의미했던 것과는 다른 의미로 사용하기 때문입니다. 오늘날 부활이란 단어는 단순히 '죽으면 천국에 간다'는 이야기를 다소 고상하게 하는 방식으로 빈번하게 사용되고 있습니다. 부활에 관한 많은 책은 모두 무덤 너머에 기다리고 있는 영광스러운 미래에 관한 내용으로 마무리될 뿐, 궁극적인 미래와 부활 그 자체를 다루지 않습니다. 게다가 많은 부활절 설교가 예수님의 부활이라는 주제에서 그리스도인의 소망이라는 주제로 즉시 옮겨 가곤 하는데, 그것도 육체의 부활이라는 관점이 아닌 육체 없는 천국에서 누리는 사후의 영광스러운 삶이라는 관점에서 진행되는 것을 발견할 수 있습니다. (출판을 위해 이 글을 편집하기 전날, 한 장례식에 참석했는데, 그 자리에서도 이 모든 혼란이 여러 차례 드러났습니다. 만약 전통적인 기독교가 궁극적으로 약속된 미래에 대해 무엇을 믿는지 모르는 사람이 그 자리에 있었다면, 그 예식은 그를 깊은 혼란에 빠뜨렸을 것입니다.)

이 모든 것은 꽤 명백한 사실을 무시하고 있습니다. 즉, '부활'이라는 단어는 결코 '육체 없는 행복'을 뜻하지 않았다는 사실입니다. 게다가 신약성경 자체에서 '부활'이란 단어는 '죽음 이후의 삶'을 뜻하지 않습니다. 그 단어는 과거에도 그랬고 지금도 그렇고, 내가 '죽음 이후의 삶 **이후의 삶**'이라고 부르는 것을 뜻합니다. 이 말이 일부 사람들에게는 꽤 어려운 개념일 것입니다. 하지만 이교도든 유대인이든 고대 세계로 거슬러 올라가서 보면, 여러 언어 속의 다양한 동의어들도 그렇지만 '부활'이라는 단어는 죽음 직후 사람들의 운명을 논하는 방식이 아니었습니다. 그 단어는 죽음 직후 너머 어느 시점에 새롭게 육체를 가진 삶을 지칭하는 방식이었습니다. 이 사실을 가장 간단하게 확인하는 방법은 예수님이 십자가 위에서 강도에게 하신 말씀을 떠올리는 것입니다. "오늘 네가 나와 함께 낙원에 있으리라"(눅 23:43). 그런데 누가가 분명히 밝히듯이 예수님은 일요일이 되어서야 부활하셨습니다. 따라서 '낙원'은 육체의 부활 **이전의** 행복한 기다림의 장소 또는 상태를 가리켜야 합니다.

고대 세계의 '부활' 언어

이방 세계는 부활 자체를 부정했지만, 많은 이교도들은 죽음 이후의 삶에 대한 온갖 다양한 이론을 믿었습니다. 그들이 믿지 **않**는 한 가지 사실은 사람이 죽은 후 어느 시점에 다시 육체의 삶으로 돌아온다는 것이었습니다. 그리스 신화에 나오는 오르페우스와 에우리디케의 유명한 이야기가 이 점을 잘 보여 줍니다. 오

오르페우스의 연인이었던 에우리디케는 죽어서 하데스로 내려갔고, 지하 세계에서는 그림자 같은 모습으로 존재했습니다. 나중에 오르페우스는 하데스로 내려가 에우리디케를 다시 데려올 수 있도록 허락받았지만, 조건이 있었습니다. 만약 그녀를 하데스 밖으로 데리고 나오는 동안 그녀를 보려고 뒤를 돌아본다면 그녀를 잃고 그녀는 영원히 사라질 것입니다. 그렇게 그들은 기나긴 계단을 오르는 여정을 시작하지만, 결국 오르페우스는 사랑하는 연인을 보고 싶은 갈망이 너무 강해져 뒤를 돌아보았고, 결국 그녀를 영원히 잃고 맙니다. (최근에 읽은 한 페미니즘 시에서는 에우리디케가 오르페우스를 유혹하고 놀려서 뒤를 돌아보게 만드는데, 그 이유는 그녀가 한 남자를 다시 자신의 인생으로 들여오는 것을 정말로 원하지 않았기 때문이라고 합니다. 제 생각에는 그 신화의 원래 저자들이 그런 뜻을 염두에 둔 것 같진 않습니다!) 이 신화의 요점은 분명합니다. 만약 누군가 죽음에서 육체로 돌아와서 실질적으로 의미 있는 육체로 다시 여기에 존재한다면 그것이 어떤 의미일지 생각해 볼 수는 있지만, 이교 세계는 실제로 그런 일이 벌어지진 않는다는 사실을 알고 있었다는 것입니다. 이런 식으로 육체적 부활을 부정하는 모습은 호메로스, 플라톤, 플리니우스에게서도 찾아볼 수 있으며, 예수님의 시대까지 이교가 지속되던 천 년 동안 일관되게 지속되었습니다.

반면 유대 세계는 부활의 가능성을 열어 두었습니다. 이런 특징은 구약성경 중 후기의 일부 책들, 특히 다니엘 12장과 같은 본문에서 확인할 수 있습니다. 이 본문은 땅의 티끌 가운데서 자는 중에서 많은 사람이 깨어나 별과 같이 빛날 때를 기다리는 의인 혹은 순교자에 대해 이야기합니다. 다니엘 12장은 후대의 유대 사상가들과 작가들에게 매우 중요한 책입니다. 그들은 반복해서 다니엘 12장으로 거슬러 올라가 (잠자는 상태, 휴식 또는 기다리는 시간에 해당하는) '죽음 이후의 삶'을 지나 의인이나 순교자들 또는 모든 하나님의 백성에게 새로운 육체적 삶이 있을 것이라고 말합니다. 실제로 일부 유대인과 많은 초기 그리스도인은 지금까지 살았던 모든 인간이 죽음에서 육체로 부활하여 그들을 창조하신 분을 만나 그들이 육체 안에서 행한 일에 대한 심판을 받을 것이라는 믿음을 가지고 있었습니다. 육체가 행한 일에 대한 책임을 육체 없는 영혼에게 묻는 것은 의미가 없습니다. 어떤 사람들은 (본문마다 차이는 있지만) '부활' 자체는 오직 하나님의 백성만을 위한 것이라고 믿었습니다.

그러므로 우리는 '부활'에 대한 탐구를 시작하기 전에 먼저 '부활'이란 단어의 의미를 바로잡을 필요가 있습니다. 우선 그릇된 이해를 지적하자면, '부활'은 죽음 직후의 아름답고 영광스러운 삶을 묘사하는 그럴듯한 방식이 아니었습니다. 도리어 언제나 그 단어는 죽음 후 일정 기간이 지난 뒤에 일어나는 새로운 삶을 이야기하는 방식이었습니다. 그리스도인들이 예수님이 사흘 만에 죽은 자 가운데서 다시 살아나셨다고 말했을 때, 그들이 의도한 것은 틀림없이 이런 의미였습니다. 그런 뜻이 아니었다면, 어째서 예수님은 죽음 직후 바로 죽은 자 가운데서 살아나지 않으셨을까요? 굳이 왜 3일을 기다렸을까요? 하지만 지난 세기의 많은 신학자와 저술가들은 그리스도인들이 실제로 의도한 바는 이런 뜻이 아니라고 애써 주장했습니다. 그들의 주장은 초기 그리스도인들이 실제로 전달하려고 했던 것은 예수님이 어떤 고귀한 방식으로 죽어서 하늘로 갔다는 사실이었고, 나중에 그 사실을 전달하려고 부활이라는 용어를 사용하기 시작했으며, 궁극적으로는 이를 바탕으로 이야기들을 만들어 냈다는 것입니다. 『하나님의 아들의 부활』에서 나는 이 문제를 훨씬 더 자세히 다루었습니다. 그 책에서는 이 주제에 대해 찾을 수 있는 현대의 모든 주장을 망라했습니다. 결국 내가 발견한 것은, 예수님의 부활에 대한 질문은 사람들이 부활과 관련이 있다고 인식하지만 실제로는 전혀 관련이 없는 여러 다른 문제들과 뒤섞여 있다는 사실입니다.

부활 이야기에 관한 역사적 연구의 방법론과 광기

나는 미국을 오가며 여러 곳에서 강연을 하면서 영국에서는 볼 수 없는 현상을 하나 발견했습니다. 미국인들은 정치적으로나 신학적으로나 대강 '진보'와 '보수'로 나눌 수 있는 것들 사이의 양극화가 뚜렷하다는 것입니다. 마커스 보그(Marcus Borg)와 공개적으로 토론하면서 우리 두 사람에게 흥미로웠던 사실 중 하나는, 사람들이 우리를 '진보'와 '보수'로 분류하려고 시도한다는 점이었습니다. 실제로는 우리 둘 다 사람들이 생각하는 것만큼 그 범주에 잘 들어맞는 것도 아닌데 말입니다. 실제로 이 문제를 살펴볼 때 모든 경계가 모호해지는 것을 봅니다. 예를 들어, 북미의 많은 사람이 자신은 그 끔찍한 근본주의자가 아니라는 것을 증명하기 위해 '진보주의자'라는 꼬리표를 달거나, 잭 스퐁(John Shelby 'Jack' Spong) 주교의 추종자가 아니라는 것을 증명하기 위해 '보수주의자'라는 꼬리표를 달아야 한다는 압박을 받습니다(이 두 가지는 고정관념의 예일 뿐입니다). 이것은 신학이나 성경 연구를 하는 면에서도, 사회 안에서 지혜롭게 살아가는 면에서도 성숙하거나 유익한 방식이 아닙니다. 그런데 이러한 압박과 경향은 종종 기적에 관한 질문, 성경에 관한 질문, 초자연적인 주제나 비슷한 다른 주제에 관한 질문과 얽히게 됩니다. 이러한 사안 중 어느 하나라도 입 밖으로 내면, 금세 사람들이 분열되는 것을 느낄 수 있습니다. 우리가 현재 진행 중인 연구의 목적을 위해, 이러한 모든 즉각적인 반응은 잠시 눌러두도록 합시다. 예수님의 부활을 조사할 때 우리에게 필요한 것은 현시대의 압박에 반응하는 것이 아니라 역사적 탐구에 참여하는 것입니다. 우리는 첫 번째 부활절에 정확히 무슨 일이 일어났는지 살펴봐야 합니다. 동양이든 서양이든, 영국이든 미국이든, 우리 자신의 문화에서 유래한 선험적 가정이나 정치적 또는 신학적 입장을 가지고 접근하는 것은 역사 연구를 하는 정당한 방식이 아닙니다.

그런데 이 말에 어떤 사람들은 즉시 부활을 역사적으로 탐구한다는 말 자체가 매우 당혹스럽다고 반응할 것입니다. 마태복음, 마가복음, 누가복음, 요한복음을 나란히 두고 읽으면, 즉각 의문이 생길 수 있습니다. 부활절 아침에 어떤 여인이 무덤에 갔는지 확실히 말하기 어렵습니다. 그들이 무덤을 몇 번이나 오갔는지도 분명하지 않습니다. 베드로와 요한이 함께 갔는지 아니면 적어도 처음에는 베드로만 갔는지도 확실치 않습니다. 그 외에도 해결되지 않은 질문들이 있습니다. 누가 언제 예수님을 처음 보았을까요? 예수님이 주로 나타나신 것은 갈릴리일까요, 아니면 예루살렘일까요, 아니면 두 곳 모두일까요? 이러한 질문들은 일부 사람들이 제기한 것만큼 풀기 어려운 것은 아니지만, 이런 질문들을 해결하다 보면 많은 문제들을 만나게 됩니다.

이와 유사한 또 다른 사례로 20세기 중반의 한 사건을 들 수 있는데, 이 사례는 우리가 다루고 있는 문제의 정체를 잘 보여 줍니다. 때는 1946년 10월 25일로, 당시 세계에서 가장 위대한 두 철학자가 처음이자 유일하게 만났던 멋진 순간이었습니다. 루트비히 비트겐슈타인(Ludwig Josef Johann Wittgenstein)과 칼

포퍼(Karl Popper)가 얼굴을 마주하게 된 것은, 비트겐슈타인이 의장으로 있던 케임브리지의 한 철학자 모임에 포퍼가 논문을 발표하러 왔기 때문이었습니다. 그들은 케임브리지에 있는 누군가의 큰 서재에 모였습니다. 벽난로에는 불이 타오르고 있었고, 그 옆에는 부지깽이가 있었습니다. 어느 순간 비트겐슈타인이 그 부지깽이를 집어 들더니 포퍼를 위협하며 휘둘러 댔습니다. 그러다 갑자기 비트겐슈타인은 부지깽이를 던지고 밖으로 나가 버렸습니다. 포퍼는 이런 상황을 전혀 예상하지 못했지만, 비트겐슈타인을 잘 아는 사람들은 그가 학문적인 토론 모임에서조차 이런 행동을 했다는 사실에 놀라지 않았습니다.

불과 몇 주 만에 포퍼가 비트겐슈타인에게 뜨거운 부지깽이로 위협받았다는 소문이 전 세계에 퍼졌지만, 버트런드 러셀을 비롯한 철학, 법학 및 다른 학계의 저명인사들을 포함해 그 자리에 참석했던 모든 석학 사이에는 정확히 어떤 일이 어떤 순서로 일어났는지 의견이 일치하지 않았습니다. 비트겐슈타인이 방을 떠나기 전에 포퍼가 결정적인 반격을 가했던 것인가, 아니면 그 후에야 중요한 발언을 했던 것인가? 비트겐슈타인은 어느 시점에 부지깽이를 집어 들었는가? 부지깽이는 뜨거웠나, 차가웠나? 그는 문을 쾅 닫고 나갔는가, 아니면 조용히 나갔는가? 몇 년 전 두 명의 진취적인 저널리스트인 데이비드 에드먼즈와 존 에이디노가 이 사건을 자세히 다룬 멋진 책 『비트겐슈타인과 포퍼의 기막힌 10분』(Wittgenstein's Poker, 옥당)이 나왔습니다. 그들은 실제로 무슨 일이 일어났는지에 대한 가설을 세웠는데, 이 가설은 어떤 설명들과는 조금 더 비슷하고 다른 설명들과는 덜 비슷한 내용이었습니다. 그들은 포퍼 자신의 설명을 불신하고 해체했습니다. 포퍼에게는 자신이 비트겐슈타인을 상대로 유명한 승리를 거두었다는 관점에서 영웅담처럼 이야기를 늘어놓으려는 이기적인 동기가 있었고, 그렇다면 그의 설명은 아마도 사실이 아닐 것이기 때문입니다. 이렇게 의견의 불일치는 지속되었습니다. 하지만 그 모임 자체가 없었다거나, 부지깽이가 없었다거나, 두 철학자가 없었다거나, 그들 중 한 명이 방을 떠나지 않았다고 말하는 사람은 아무도 없다는 사실에 주목해야 합니다. 어떤 사건이 일어났지만, 너무 극적이고, 너무 신속하고, 너무 예상치 못한 일이어서 목격자들 모두가, 그것도 진실을 추구하는 데 전문가들이었던 목격자들 모두가 의견의 일치를 이루지 못했습니다. 변호사라면 누구나 알겠지만, 이것은 종종 목격자 증언에서 볼 수 있는 일입니다. 흥미진진하고 극적인 사건들이 종종 일어나지만, 그 사건에 대한 목격자들의 진술이 꼭 일치하는 것은 아닙니다. 다시 한번 강조하지만, 그렇다고 해서 아무 일도 일어나지 않았다는 뜻은 아닙니다. 오히려 그 반대입니다. 나는 이것이 바로 우리가 복음서 이야기를 처음 읽을 때 당혹감을 느낀다는 사실에서 도출해야 할 결론이라고 생각합니다.

초기 기독교의 부활 이야기에서 독특한 점들

이제 초기 기독교에 관한 이야기로 돌아오겠습니다. 죽음 이후의 삶과 부활에 관한 초기 기독교의 믿음을 고대 이교도와 고대 유대교의 믿음과 같은 지도 위에 두고 살펴보면, 몇 가지 매우 흥미로운 점을 발견할 수 있습니다. 죽음 이후의 삶에 관한 믿음은 문화에서 가장 보수적인 사안 중 하나로 악명이 높습니다. 사람들이 믿는 다른 부분에 대해서는 마음을 바꾸는 경우가 있지만, 죽음에 대한 믿음(장례 방식에 대한 믿음을 포함)에 대해서는 대체로 매우 보수적인 경향이 있습니다. 사람들은 세계관의 다른 부분에 대해서는 탐구하는 태도를 가질 수 있지만, 사랑하는 사람이 죽으면 그들이 늘 알고 있던 방식대로 장례식을 치르고 싶어 합니다. 초기 그리스도인은 유대교와 이교의 구석구석에서 모인 사람들로 구성된 집단이었으니, 우리는 처음 2세기 동안 다양한 그리스도인 집단이 고수했던 죽음 이후의 삶에 관한 온갖 다양한 믿음의 증거가 존재할 것이라고 생각할 수도 있습니다. 하지만 놀랍게도 그렇지 않습니다. 바울부터 신약성경과 사도 시대 교부들 그리고 2세기 말의 위대한 신학자들(이레나이우스, 테르툴리아누스, 오리게네스 등)에 이르기까지 우리가 발견하는 것은 죽음 이후 하나님의 백성에게 궁극적으로 일어날 일에 관한 놀랍도록 일관된 믿음입니다.

부활에 관한 초기 그리스도인들의 이토록 놀랍고도 일관된 믿음에 주목할 만한 예외가 있습니다. 그것은 바로 우리가 영지주의라고 부르는 저술들(예를 들면, 도마복음)입니다. 현대 일부 미국 학계에서 극찬을 받고 있는 이 글들은 아주 초기에 쓰인 귀중한 자료이자 원래 기독교의 모습을 확인할 수 있는 통로라고 칭송되곤 합니다. 이 자료를 추종하는 학자들은 신약성경의 후대 저술가들, 특히 정경의 사복음서 저자들이 원래 기독교를 흐트러뜨렸다고 봅니다. 나는 이 자료들에 대한 정반대의 견해, 즉 영지주의 저술들이 더 후대에 쓰였으며, 그 내용은 정경에서 파생되었다는, 아니, 실제로는 정경에서 벗어났다는 견해를 오랫동안 주장해 왔습니다. 이런 견해가 실은 전 세계 신약학자들 다수의 견해입니다. 하지만 북미에 사는 분이라면 이 사실을 모를 수도 있습니다. 결국 이 글들은 근본적으로 다른 세계관을 표현하기 위해 (이 경우에는 죽음 이후의 삶을 이야기하면서) 초기 기독교의 언어를 활용한 후대의 시도를 반영하는 것으로 이해하는 것이 최선입니다.

초기 기독교의 세계관은 이교적이라기보다는 확실히 유대교적이었습니다. 종교사의 지도 위에서 초기 그리스도인들이 어디에 속하는지 묻는다면, 그들은 분명히 유대교 내부에서 변형된 형태로 보아야 합니다. 그들이 고린도와 에베소의 거리를 나설 때도, 로마나 다른 곳으로 여행을 떠날 때도, 교회에 있는 모든 사람이 과거 유대인이 아닌 과거 이교도였던 것으로 보일 때도, 그들이 가진 세계관과 믿음, 그리고 그들이 살아가려는 삶의 방식까지도 확실히 유대교적임을 확인할 수 있습니다. 그러나 초기 그리스도인들이 도입한 부활에 관한 유대인의 믿음에는 일곱 가지 수정 사항이 있었으며, 그들은 모두 이런 내용에 어느 정도 동의했습니다.

초기 그리스도인들이 고수한 장래 소망에 관한 관점은 부활에 초점이 있었습니다. 그들은 의로운 영혼이 사후에 천국에 가서 플라톤적 축복을 누리며 온종일 철학 이야기를 한다는 식의 플라톤적 범주의 사후 세계를 믿었던 것이 결코 아닙니다. 초기 그리스도인들 중에는 죽으면 천국에 간다고 실제로 말하는 경우가 거의 없었습니다. 이 중간 기간에 '그리스도와 함께 있을 것'에 대해 말하는 구절들은 존재합니다(이를테면, 빌 1:23). 예수님 옆에서 죽어 가던 강도에게 바로 그날 낙원에서 함께 있을 것이라고 하신 예수님의 약속도 있습니다(눅 23:43). 그리고 아버지의 집에 예비된 '거할 곳이 많다'는 예수님의 유명한 약속도 있습니다(요 14:2). 그러나 거듭 강조하지만 초점은 당신이 죽음 직후에 어디에 있을 것이냐가 아닙니다. 초점은 당신이 하나님의 새 세상, 새 창조, 새 하늘과 새 땅에서 어디에 있을 것이냐에 있습니다. 주어진 답변은 그 세상에서 당신은 새로운 육체를 가진 존재가 되리라는 것입니다. 초기 그리스도인들은 바리새파 유대인들과 마찬가지로 미래에 대한 두 단계의 믿음을 고수했습니다. 첫 번째 단계는 중간의 대기 기간이고, 두 번째 단계는 새롭게 재창조된 세상에서 새로운 육체를 가진 실존입니다. 다시 한번 강조하지만, 이런 개념은 이교에서는 찾아볼 수 없습니다.

미리 이야기해 둘 필요가 있는 또 다른 내용이 있습니다. 그것은 과학 시대에 살고 있는 우리 현대인은 죽은 사람이 다시 살아나지 않는다는 사실에 대해 새로운 방식의 지식을 갖고 있다는 전제입니다. 그러나 이것은 사실 계몽주의 수사학에 불과한 터무니없는 주장입니다. 고대 세계의 모든 사람도 사람이 죽으면 그대로 죽은 채로 있다는 사실을 알고 있었습니다. 부활을 믿었던 유대인들조차도 실제 부활이 그들이 아는 것보다 더 이른 시기에 일어날 것이라고는 기대하지 않았습니다. 나사로를 살린 사건에서 마르다가 예수님에게 보인 반응을 보면 그 점을 알 수 있습니다. 마르다는 나사로가 다시 살아날 것이란 기대를 전적으로 지금이 아닌 마지막 날 부활의 때와 연관 짓습니다(요 11:24). 우리가 알고 있는 지식과 고대 세계의 사람들이 알고 있던 내용을 비교하는 이러한 현재의 오해는, 우리는 이제 '자연 법칙'을 알고 있지만 18세기 이전의 사람들은 기본적으로 그것을 몰랐다는 가정에서 나타납니다. 이런 생각에 대해 C. S. 루이스는 요셉이 마리아의 임신을 걱정했던 이유는 아기가 어떻게 만들어지는지 몰랐기 때문이 아니라 도리어 알고 있었기 때문이라고 비꼬았습니다. 고대 세계는 무지하지 않았습니다. 그렇게 말하고 싶어 하는 사람도 있지만, 사실 고대 세계도 많은 것을 알고 있었습니다. 우리는 고대 선조들보다 우리가 우월하다고 가정하는 일종의 연대기적 자만심을 경계해야 합니다.

초기 그리스도인들은 바로 이 유대교적 신앙 체계 안에서 부활에 관한 믿음을 표현했지만, 몇 가지 중요한 변화나 변이가 없었던 것은 아닙니다. 그러한 변화 중 일곱 가지를 추적해 보겠습니다.

첫 번째 변이는 초기 기독교 안에서 부활 신앙에 관한 실질적인 스펙트럼이 사실상 거의 없다는 점입니다. 일부 다양성은 존재했습니다. 이를테면, 요한계시록의 마지막 부분에는 이중 부활이 나오는데, 주석가들에게 이 내용은 줄곧 골칫거리입니다. 히브리서에는 부활에 대한 언급이 분명히 존재하지만, 다른 초기 기독교 문헌만큼 발전된 것으로 보이진 않습니다. 그렇다 해도 이런 차이는 여전히 이교도들 사이에서 볼 수 있는 사후 삶에 관한 관점의 광범위한 스펙트럼에 비할 바가 아닙니다. 또한 사후 삶에 관한 유대교 내부의 훨씬 더 제한된 다양성조차 반영하지 못합니다(모든 유대인이 부활에 대해 바리새인과 같은 견해를 가졌던 것은 아닙니다). 기본적으로 초기 기독교에는 믿음의 다양한 변형이 존재하지 않았습니다.

두 번째 변이도 유사합니다. 초기 기독교에서 부활은 필수적이고 중심적인 신앙이었지만, 제2성전기 유대교에서 부활은 초기 기독교에서만큼 중요한 신앙이 아니었습니다. 랍비 문헌을 보면 그들이 부활을 믿었다는 것은 분명한 사실입니다. 하지만 한두 가지 논의를 제외하면, 방대한 랍비 문헌은 대부분 다른 주제에 관한 것입니다. 부활에 할애된 지면과 중요성은 다른 주제에 할애된 지면과 비교가 되지 않습니다. 사해 두루마리를 검토한 후에, 쿰란 문서의 저자들은 부활을 믿지 않았다고 주장하는 것도 가능합니다. 물론 나는 그들이 부활을 믿었다고 주장하는 쪽에 조심스럽게 동조하지만, 대부분의 사람은 쿰란 문서에서 부활이 중요한 주제가 아니었다는 데 여전히 동의할 것입니다. 실제로도 거의 언급되지 않습니다. 하지만 초기 그리스도인들에게 부활은 절대적으로 중심적인 주제였습니다.

부활이 얼마나 중심적인 주제인지 확인하려면, 다음 사실을 생각해 보면 됩니다. 오늘날 '보수주의자'와 '진보주의자' 간의 많은 논쟁에서 사람들이 가장 많이 다투는 두 가지 큰 주제는 동정녀 탄생과 빈 무덤입니다. 하지만 신약성경의 관점에서 보면 이런 상황은 이상합니다. 왜냐하면 동정녀 탄생이 물론 중요한 주제이긴 하지만, 복음서에서는 부활만큼 중요하진 않기 때문입니다. 만약 예수님의 탄생을 복음서에서 제외한다면, 마태복음 초반에서 한 장, 누가복음 초반에서 두 장이 사라지는 것이 전부입니다. 하지만 신약성경에서 부활, 즉 육체의 부활을 제거하면, 신약성경의 주장들이 차례로 무너지는 것을 볼 수 있을 것입니다. 그것은 신약성경이 기록된 후에 집필된 여러 세대에 걸친 기독교 문헌에서도 마찬가지입니다. 예를 들어, 주후 177년에 일어난 사건이 하나 있습니다. 프랑스 남부 리옹에서 순교자들이 살해당했는데, 그 이유는 그들이 다름 아닌 부활에 대해 계속 이야기하는 것을 이교도들이 참지 못해서였습니다. 그리스도인들이 불에 타 죽자, 이교도들은 시신이 타고 남은 재를 강에 뿌려 절대 부활할 수 없게 하겠다고 선언했습니다. 부활은 계속해서 주요 핵심 사항이었으며, 교회가 알려지고 박해받게 된 이유 중 하나였습니다. 현재의 튀르키예에 해당하는 소아시아 출신의 위대한 2세기 의사 갈레노스는 자신이 그리스도인에 대해 아는 것은 오직 두 가지라고 말했습니다. 첫째는 그들이 부활을 믿는다는 것, 둘째는 그들이 놀라운 성적 절제를 보인다는 것이었습니다. 이 낯선 새로운 집단에 대한 대중의 인식 속에 부활 신앙이 포함되었다는 사실은 매우 흥미롭고 시사하는 바가 큽니다. 따라서 초기 기독교에서 부활은 유대교와 비교해 훨씬 더 중요하고 핵심적인 요소였습니다.

부활에 대한 제2성전기 유대교의 믿음 내부에서 발생한 초기 기독교의 세 번째 변이는 부활의 정확한 의미에 관한 견해가 훨씬 더 상세해졌다는 점입니다. 제2성전기 유대교 문헌을 보면, 마카베오2서 7장과 같은 본문에서 부활은 단순히 현재의 것과 매우 유사한 몸으로 다시 돌아오는 것을 의미하는 것처럼 보입니다. 하지만 다니엘 12장에서는 의인들이 별처럼 빛날 것이라고 말합니다. 바룩2서라 불리는 유대교 문헌을 보면 이 말을 일부 작가들이 어떻게 받아들였는지 알 수 있는데, 이렇게 부활한 존재들은 거의 천사와 같은 모습이지만 여전히 분명히 육체를 지니고 있습니다. 반면 초기 기독교는 부활의 몸이 어떤 종류의 몸이 될 것인지에 대해 훨씬 더 정확하게 설명합니다. 부활의 몸은 탈바꿈한 몸일 것입니다. 여전히 물질적인 몸이지만, 그 몸은 훨씬 더 새로운 속성을 가질 것입니다.

부활한 몸에 대해 가장 명확하게 설명한 사람이 바울입니다. 하지만 안타깝게도 바울이 이 내용을 설명하는 본문은 그의 모든 글 가운데서 가장 많은 오해를 받는 구절 중 하나입니다. 고린도전서 15장에서 바울은 현재의 몸과 미래의 몸에 대해 말하는데, 이 두 가지 모두를 상당히 자세하게 설명합니다. 애석하게도 RSV와 NRSV 번역본은 바울이 사용한 두 가지 핵심 문구를 번역하는 데 잘못된 형용사를 사용했습니다. 바울이 현재의 몸과 미래의 몸이라고 언급한 문구를 RSV와 NRSV는 각각 '육체적인 몸'(physical body)과 '영적인 몸'(spiritual body)으로 번역했습니다(고전 15:44). 이런 이유로 영국과 북미권의 한 세대, 어쩌면 그 이상의 영어 번역 성경 독자들은 바울에게 부활은 '육체적'인 의미에서 '물리적'인 것은 아니라고 받아들입니다. 그래서 그들은 바울에게 빈 무덤 같은 것은 없었고, 부활은 순전히 '영적인' 사건이었기 때문에 실제로 '물리적으로' 일어난 사건은 없었다고 생각합니다. 『하나님의 아들의 부활』에서 이 본문에 실제로 사용된 그리스어 단어들, 그 단어들의 역사, 바울 주장의 구조와 의미, 그리고 같은 주제에 관해 다른 서신에서 바울이 말한 내용 등을 근거로 이 번역들이 그야말로 명백한 오역이라고 주장한 바 있습니다. 오늘날 '물리적'과 '영적'이라는 표현을 쓸 때 우리는 플라톤적 이분법의 관점에서 그 단어들을 이해할 수밖에 없습니다. 한편에는 공간과 시간과 물질로 구성된 물질적 세계가 있고, 다른 한편에는 유령이나 심령 같은 것, 즉 보거나 만질 수는 없지만 일종의 초감각적 방식으로 인식할 수 있는 것들로 구성된 세계가 있다는 관점 말입니다. 하지만 그런 것은 전혀 바울이 말하는 바가 아닙니다.

이렇게 주장하는 근거는 다음 두 가지입니다. 첫째, 바울이 여기서 사용하는 형용사는 어떤 사물이 만들어진 재료를 설명하는 형용사가 아닙니다. 오히려, 어떤 사물을 **움직이게 하는** 동력원을 설명하는 형용사입니다. 예를 들면, 누군가가 항구 어딘가에 정박된 배를 보고 '저 배는 강철로 만든 배입니까, 아니면 나무로 만든 배입니까?'라고 궁금해한다고 가정해 봅시다. 그 질문은 그 배를 만든 재료를 묻는 것입니다. 하지만 바울이 사용한 형용사는 다음과 같은 질문에 더 가깝습니다. '저 배는 증기선입니까, 아니면 원자력 배입니까?' 달리 말해, 그 배를 움직이게 하는 힘이 무엇인지, 그 배의 동력을 만들어 내는 원리가 무엇인지 묻는 것입니다. 이 두 번째 유형의 형용사, 즉 움직이게 하는 힘이나 원리를 가리키는 형용사가 바로 바울이 사용하는 것입니다. 그렇다면 여기서 바울의 구분은 우리가 이해하는 '육체적인' 것과 '영적인' 것 사이의 구분이 아닙니다. 바울의 구분은 일반적인 인간의 에너지로 움직이는 몸(즉, '자연적인' 몸)과 하나님의 영에 의해 움직여지는 새로운 몸(즉, 영에 의해 생성되고 영에 의해 움직이는 몸) 사이의 구분입니다.

이런 의미를 가장 분명하게 볼 수 있는 곳이 로마서 8:9-11입니다. 이 본문은 사실 이 주제 전체에 관한 바울의 가장 명확한 진술이기도 합니다. 거기서 바울은 "예수를 죽은 자 가운데서 살리신 이의 영이 너희 안에 거하시면, 그리스도 예수를 죽은 자 가운데서 살리신 이가 너희 안에 거하시는 그의 영으로 말미암아 너희 죽을 몸도 살리시리라"고 말합니다. 여기서 바울이 말하는 바는 명백합니다. 그것은 몸에서 벗어난 새로운 생명이 아니라, 죽을 몸을 위한 새로운 생명입니다. 예를 들어, 바울이 혈과 육은 하나님 나라를 유업으로 받을 수 없다고 말할 때(고전 15:50), 그것은 우리가 '물리적'이라고 부르는 것이 하나님 나라를 유업으로 받을 수 없다는 뜻이 아닙니다. 바울이 말하는 것은 **현재의** 물리적 몸은 부패할 수밖에 없고 썩어 없어지겠지만, 미래의 몸은 부패할 수도, 썩어 없어질 수도 없는 몸이라는 점입니다. 바울에게 '살과 피'라는 표현은 단순히 물리적인 존재를 말하는 것이 아니라, 부패하고 썩고 없어지는 성질을 의미합니다. 우리는 물리적인 상태가 부패하지 않는 것을 상상하기 어렵지만, 바울은 새로운 피조물이 바로 그런 상태일 것이라고 말합니다.

여기서 우리가 주의해야 할 사실이 있는데, 그것은 이 탈바꿈된 물리성, 즉 내가 다른 곳에서 '초물리성'(transphysicality)이라고 불렀던 것이 광채로 변하는 것을 의미하지는 않는다는 점입니다. 이 지점에서 사람들은 아주 쉬운 해석상의 실수를 저지릅니다. 바울이 '영광'이란 표현을 쓰면, 그것이 전구처럼 빛나는 것을 의미한다고 생각합니다. 보통 바울이 의도한 뜻은 그런 것이 아닙니다. 바울이 다니엘 12장을 반영하면서 그런 방향으로 나아가는 경우가 한두 구절 있을 수도 있지만, 그보다 더 자주 바울은 그 본문을 세상 속에서 증언하는 그리스도인을 은유적으로 표현하기 위해 사용합니다. 빌립보서에서 바울이 그 표현을 사용한 것은 우리가 별처럼 빛날 것이라고 말하기 위함이 아니라 우리의 증언, 우리 삶의 거룩함이 은유적인 의미에서 세상을 향해 빛을 낼 것이라고 말하기 위함이었습니다(빌 2:15). 따라서 부활에 대한 유대인의 견해와 차이가 나는 기독교의 세 번째 변이는 부활의 몸이 장차 어떤 모습일지 훨씬 더 분명하게 확인할 수 있다는 점입니다. 그 몸은 변형된 물리적 존재가 될 것입니다. 그 몸이 빛날 것이라는 의미가 아니라, 부패하지 않고 썩거나 없어지지 않는 몸일 것이라는 의미입니다. 이 강조점은 바울에서 이레나이우스를 거쳐 그 이후로도 계속 이어집니다.

부활에 대한 기독교 관점의 네 번째 놀라운 점 또는 변이는 사건으로서의 부활이 두 부분으로 나뉘었다는 것입니다. 부활을 믿었던 유대인들은 부활 사건이 하나님이 새 하늘과 새 땅을 만드실 마지막 날에 일어날 것이며, 한꺼번에 모든 사람에게 일어날 것이라고 믿었습니다. 이 마지막 날의 사건이 현재라는 시점에 어떤 한 사람에게 일어날 것이라고는 아무도 예상하지 않았습니다. 부활절 이전의 1세기 유대인이라면 으레 부활을 마지막 때에 대규모로 모든 사람에게 발생할 사건으로 기대했습니다. 그렇기 때문에 예수님이 제자들에게 인자가 죽은 자 가운데서 살아나기 전까지는 변화산 사건에 대해 아무에게도 말하지 말라고 하셨을 때(막 9:9), 제자들이 매우 당황했던 것입니다. 왜냐하면 "죽은 자 가운데서 살아나는"(9:10) 사건은 어떤 한 사람에게만 일어나고 나머지는 방금 목격한 것을 사람들에게 전해야 하는 상황이 되는, 그런 성격의 사건이 아니었기 때문입니다. 그들이 아는 한 '부활'은 결국 모든 사람에게 일어나는 일이어야 합니다. 물론 하나님이 이미 그분의 약속을 성취하기 시작했다고 믿는 일종의 '개시된 종말론'을 주장한 일부 유대인 운동도 있었지만, 그들 중 어느 누구도 부활 자체가 이미 특정 사람에게 일어났다고 주장하지는 않았습니다. 그런데 초기 그리스도인들이 주장한 것이 정확히 그 내용이었습니다. 그들은 이 주장을 계속했고, 하나님의 새로운 창조가 이미 시작되었다는 사실에 비추어 하나님과 이스라엘과 세상에 관한 유대인의 이야기 방식을 재정의하고 수정했습니다. 이것이 바로 오늘날 부활절의 의미를 생각할 때 그리스도인들이 파악해야 할 핵심 사항 중 하나입니다.

유대교의 부활에 대한 믿음에서 발생한 다섯 번째로 주목할 만한 변화는 초기 그리스도인들이 '부활'을 상당히 새로운 은유적 언어로 발전시켰다는 점입니다. 에스겔 37장과 마른 뼈들의 골짜기, 즉 뼈들이 모여 두 발로 일어서고 하나님의 숨결이 그 안으로 들어가는 위대한 환상 이후로, 부활의 언어는 이스라엘의 회복과 유배로부터의 귀환, 새로운 출애굽을 가리키는 은유로 사용될 수 있었습니다. 그것은 하나님이 자기 백성의 운명을 회복시키는 놀라운 위업을 실현하실 것을 이야기하는 방식이었습니다. 여기서 우리가 주목해야 할 사실은, 부활의 언어를 은유적으로 사용했던 유대인들이 종말에 하나님의 백성에게 일어날, 새로운 몸을 입는 사건을 가리키는 **문자적** 의미로도 '부활'을 계속해서 사용했다는 사실입니다. (요점을 뒤집어 말하자면) 그렇다고 해서 부활 전에 일어날 수 있는 일, 즉 유배로부터의 귀환이나 위대한 회복을 이야기하기 위한 은유적 의미로서 부활이란 단어를 사용하는 것을 멈추지는 않았습니다. 흥미롭게도 초기 기독교에는 그러한 은유적 사용이 거의 흔적도 없이 사라졌고, 단지 한 줄(롬 11:15)만이 그러한 용법의 반향으로 간주될 수 있을 뿐입니다. 그 대신 바울과 초기 기독교 전통은 부활 언어를 다른 내용을 가리키는 은유로 활용합니다. 부활의 언어를 세례와 거룩함을 설명하기 위해 은유적으로 사용한 것입니다. 하지만 은유적으로 사용되었다고 해서, 온전한 문자적 의미가 훼손된 것은 아닙니다. 왜냐하면 초기 그리스도인들은 예수님의 문자 그대로의 육체적 부활에 근거해 마지막 날에 일어날 문자 그대로의 부활을 여전히 믿었기 때문입니다. 또한 이 새로운 은유적 용도가 단순히 추상적인 실체나 정신과 마음의 상태 또는 영성의 유형을 가리킨 것도 아닙니다. 은유적이라고 해서 그것이 구체적인 사건을 가리키지 못하는 것은 아닙니다. 세례와 거룩함은 결국 당신의 몸에 실제로 일어나는 구체적인 사건입니다. 그렇다면 그 시점에 부활과 관련된 유대교의 은유적 언어에 어떤 변화가 발생한 것입니다.

유대인의 부활 신앙을 수정한 여섯 번째 내용은 부활이 메시아와 연관되었다는 것입니다. 당시에는 메시아가 죽은 자 가운데서 부활할 것이라고 기대한 사람이 아무도 없었는데, 그 이유는 간단합니다. 메시아가 애초에 죽임을 당할 것이라고 예상한 사람이 아무도 없었기 때문입니다. 이것은 완전히 새로운 이야기였고, 부활 같은 사건이 일어나지 않았다면 예수님을 메시아로 밑은 초기 기독교 신앙의 출현을 설명하는 것이 얼마나 불가능한지 조금이나마 생각해 볼 수 있게 해 줍니다. 이 지점에서 사람들이 역사적 사고를 하지 못하는 경우가 잦기에, 조금 진지한 역사적 사고를 해 보겠습니다. 1세기에는 여러 유대인 메시아 운동이나 예언자 운동이 일어났습니다. 그중 가장 잘 알려진 운동 하나가 주후 66-70년 유대-로마 전쟁 당시 일어난 것입니다. 그 운동의 주동자는 많은 유대인이 진정한 지도자이자 왕, 어쩌면 메시아일지도 모른다고 여겼던 시몬 바르 기오라(Simon bar Giora)라는 인물이었습니다. 로마의 티투스 황제가 승리한 후 시몬 바르 기오라는 로마로 호송되어 거리 행렬에서 끌려다녔습니다. 요세푸스가 묘사한 대로, 티투스의 승리가 끝날 무렵 시몬은 의식을 치르듯 사형을 당했습니다. 그는 채찍질을 당한 후 처형되었는데, 이는 로마인들이 이러한 처형을 진행하던 방식이었습니다. 1장에서 잘 설명했듯이, 적군의 왕을 예루살렘 어딘가의 잔해 속에 묻어 두는 것보다는 개선 행렬의 절정에서 공개적으로 처형하는 것이 훨씬 만족스러웠기 때문입니다.

그렇다면 어떻게든 체포되지 않고 탈출한 시몬의 추종자들이 처한 상황을 상상해 봅시다. 이들 중 한 명이 이틀이나 사흘 후에 "시몬은 정말 메시아였습니다"라고 말했다고 칩시다. 이 말을 들은 사람들은 거의 틀림없이 다음과 같이 받아쳤을 것입니다. "도대체 무슨 뜻으로 하는 소리요? 로마인들이 그를 잡아 죽였습니다. 당연히 그는 메시아가 아닙니다. 메시아라면 우리의 원수인 이방의 적을 물리치고 성전을 재건하고 하나님의 정의를 세상에 실현해야 합니다. 그것이 메시아의 임무라는 것은 누구나 아는 사실입니다. 하지만 시몬은 이방인들에게 패배했고 성전은 폐허가 되었으며 하나님의 정의는 어디서도 찾아볼 수 없습니다. 우리에게 남은 것은 로마의 정의뿐입니다. 정말 고맙게도 말이오." 그런데 이 말에 그 친구는 "그렇지 않습니다. 사실은 시몬이 죽었다가 다시 살아난 것 같아요"라고 말했다고 생각해 봅시다. 그러면 또 다른 친구가 이렇게 대응했을 것입니다. "그건 정말 말도 안 되는 소립니다. 도대체 무슨 의미로 하는 말입니까? 우리 성경에는 그런 말이 없잖아요. 무슨 말을 하는 거예요?" 그러자 그 친구는 더 명확하게 설명을 합니다(여기서 나는 지난 세기 동안 많은 신약학자들이 시도한 특정 사고방식을 언급하는 것입니다). "아니, 제 말은 시몬의 몸이 부활했고 빈 무덤만 남았다는 뜻이 아닙니다. 제 말은 시몬이 저와 함께 있다는 느낌이 든다는 뜻입니다. 시몬이 위해 싸웠던 대의가 여전히 계속되고 있다는 느낌이 듭니다. 우리는 도망치고 시몬을 그의 운명에 내버려두었지만, 하나님은 우리를 용서하셨다는 느낌을 받습니다." 이 말을 듣고 친절한 사람이라면 "사랑하는 친구여, 볕을 너무 오래 쬐었나 보군요"라고 답할 수도 있습니다. 아니면 이렇게 말할 수도 있습니다. "뭔가 흥미로운 영적 체험을 한 것으로 보이는군요. 당신도 알다시 피 우리 유대인에게는 특별한 경험을 할 경우, 시편을 부르거나, 선지서를 읽거나, 특별한 기도를 드리는 전통이 있습니다. 그렇게 하면 될 텐데, 당신은 왜 시몬이 죽은 자 가운데서 살아났다고까지 말하는 건가요? 시몬은 분명 다시 살아나지 않았습니다. 그는 여전히 죽은 상태로 묻혀 있습니다. 그리고 그가 부활하지 않았다면, 그는 이전에도 그렇고 지금도 그렇고 메시아가 아닌 것이 확실합니다."

나사렛 예수가 처형된 후 이틀, 사흘, 3주, 3년이 지난 후에도, 그분이 옳았다고 하나님이 인정하셨다는 확신을 줄 만한 비범한 사건이, 즉 단순히 영광스럽고 고귀한 상태로 천국에 가는 것보다 더 위대한 일이 일어나지 않았다면, 결코 그 누구도 그분을 메시아라고 말하지 않았을 것입니다. 물론 그들은 그런 일이 언젠가 순교자들에게 일어날 것이라고 믿었고, 그런 일을 이야기하는 나름의 방식이 있었습니다. 즉, 그들은 그가 미래에 죽은 자 가운데서 다시 **살아날** 것이라고 말했을 것이 거의 확실합니다. 하지만 그런 일이 이미 일어났다고는 절대 말하지 않았을 것입니다.

예수 운동이 예수님 자신의 죽음으로 실패한 후에도 추종자들이 메시아 운동을 계속 이어 가고 싶었다면, 다른 메시아를 찾는 선택지도 있었습니다. 1세기 유대교 안에는 그런 선택을 한 집단이 일부 있었습니다. 메시아가 될 사람이 살해당할 때마다 그들은 그의 형제나 사촌, 조카, 아들 등 다른 메시아 후보를 찾았습니다. 이제 주목해 주십시오. 초대교회의 위대한 지도자로 주님의 형제 야고보가 있었습니다. 그는 존경받는 위대한 인물이자 기도의 사람이었고, 훌륭한 스승이었습니다. 그리스도인뿐만 아니라 유대 당국도 그를 존경했습니다. 모든 사람이 야고보가 예수님의 형제라는 사실을 알고 있었습니다. 하지만 야고보가 메시아라는 상상은 아무도 하지 않았습니다. 앞서 언급한 패턴을 따르자면 그랬어야만 합니다. 그렇게 하지 않았던 것은 그들이 다른 이가 아닌 예수님이 정말로 메시아라고 믿었기 때문이며, 그들이 십자가에 못 박힌 분에 대해 그렇게 믿을 수 있었던 유일한 이유는 그분이 죽은 자 가운데서 부활했다는 사실 때문이었습니다.

이제 여섯 번째 변이를 마무리하는 내용입니다. 예수님이 메시아라는 초기 기독교의 믿음 때문에 예수님이 주님이시며 따라서 카이사르는 주님이 아니라는 아주 초기의 믿음이 발전했습니다. 일찍이 바울 당시부터 다른 왕, 다른 주님에게 충성을 바치는 그리스도인의 신념에 밑바탕이 되었던 것이 예수님의 부활과 장차 그의 모든 백성의 부활입니다. 과거에도 지금도 부활은 죽음 자체를 순화해서 이야기하는 방식이 아닙니다. 그것은 (일부의 주장처럼) "'죽음'을 '부활'로 해석한다"는 수준의 이야기가 아닙니다. '부활'은 죽음이 전복되었으며, 그 죽음의 전복과 더불어 죽음에 의존하던 이들의 권력도 사라졌다고 이야기하는 방식이었습니다. 일부 현대 학자들의 비웃음과 비방에도 불구하고, 이후 3세기 동안 사자에게 던져지고 화형을 당한 이들은 육체적 부활을 믿은 사람들이었습니다. 부활은 결코 뒷짐 지고 앉아서 존경받으려는 방식이 아니었습니다. 물론 오늘날 영국, 북미 등 일부 지역에서 보듯이 부활이 기존 정치나 신학의 현상 유지를 뒷받침하는 '보수적' 패키지의 일부로 작동할 수도 있습니다. 하지만 부활은 유대교나 초기 기독교에서는 그런 식으로 작동하지 않았던 것이 확실합니다. 부활의 언어를 개인 영성과 이원론적 우주론으로 번역한 것은 영지주의자들이었습니다. 박해를 피해 도망친 것도 영지주의자들이었습니다. 반면 거듭해서 핍박을 받았던 것은 그리스도인들이었습니다. 부활을 이야기한다는 것은 현실을 구성하는 다른 공적인 구조들을 향해, 그리고 다른 영적인 세력뿐만 아니라 정치적인 세력들을 향해 이의를 제기하는 예수님에 대해 공적인 주장을 한다는 의미였습니다.

유대인의 부활 신앙에서 발생한 일곱 번째이자 마지막 변이는 존 도미닉 크로산(John Dominic Crossan)이 '협력적 종말론'(collaborative eschatology)이라고 부른 것입니다. 예수님의 부활로 인해 초기 그리스도인들은 오랫동안 기다려 온 새 창조를 하나님이 시작하셨을 뿐만 아니라, 예수님의 영을 통해 그들 자신을 그 기획의 조력자로 참여시키셨다고 믿었습니다. 부활절 이후

새 창조는 단지 그리스도인이 기다리기만 하는 대상이 아닙니다. 그들은 그 새 창조에 협력하도록 부름받았습니다. 이것은 방대한 주제이지만, 이 시점에 더 자세히 논할 수는 없습니다.

복음서 부활 이야기의 네 가지 이상한 특징

유대인의 부활관 내부에서 발생한 이러한 '변이들'을 살펴보는 데 많은 지면을 할애했습니다. 그 이유 중 하나는 이런 내용이 널리 알려지지 않았기 때문이고, 다른 하나는 부활절 이야기 자체를 이해하기 위한 필수적인 배경이기 때문입니다. 이제 부활절 이야기들을 살펴볼 텐데, 특히 그 이야기들의 이상한 네 가지 특징을 살펴보려고 합니다. 이 특징 역시 자주 간과되어 온 내용들입니다.

첫째, 부활절 이야기들을 읽다 보면 그 안에 구약성경이 이상하게도 부재하다는 사실이 눈에 띕니다. 예수님의 체포와 재판, 십자가형 등 그분의 마지막 날에 관한 복음서의 기록을 보면, 곳곳에서 구약성경의 반향과 인용, 암시를 발견할 수 있습니다. 시편, 이사야서, 다니엘서, 스가랴서 등이 제공한 내용이 그 내러티브의 구조 속에 녹아들어 있습니다. 하지만 부활절 기록으로 페이지를 넘기면, 그 많던 구약성경의 암시와 반향은 어떻게 된 것인지 사라지고 없습니다. 요한복음은 무덤에 간 두 제자가

"그가 죽은 자 가운데서 다시 살아나야 하리라 하신 말씀을 아직 알지 못하더라"고 말하지만, 그 말씀이 어느 성경 구절인지는 알려 주지 않습니다. 누가복음은 예수님이 엠마오로 가는 두 제자에게 나타나 성경 말씀을 자세하게 설명하셨다고 기록하지만, 그 이야기에서 실제로 인용되거나 언급된 성경 구절은 하나도 없습니다. 이 사실은 매우 놀랍습니다. 왜냐하면 바울(예를 들면, 고전 15장)처럼 이른 시기에 이미 여러 성경 본문에 대한 매우 정교한 해석이 초기 기독교 신학 안에 이미 확고하게 자리 잡고 있었기 때문입니다. 하지만 이런 복음서의 부활 내러티브에는 특정 구절에 대한 언급이 하나도 없고, 구약성경의 반향조차 드뭅니다.

이렇게 구약성경이 부재한 이유에 대해서, 그 내러티브들을 기록한 두 번째 세대 사람들이 그 이야기들을 철저하게 검토한 후에 구약성경의 암시와 반향을 전부 제거했기 때문이라고 생각할 수도 있습니다. 하지만 우리 손에 있는 네 개의 독립된 부활 내러티브는 각각 다른 표현과 방식으로 이야기를 들려주기 때문에, 그런 설명은 통하지 않습니다. 오히려 물론 나중에 기록되긴 했지만 이 이야기들이 아주 초기의, 신학적 성찰 이전 단계의 목격자들의 증언이 반영되어 있다는 주장이 훨씬 그럴듯합니다. 그들이 이 이상한 연속된 사건들이 특정 구약성경 본문의 성취인지 여부를 궁금해하기도 전이었을 것입니다. 그들은 방금 보고 들은 비범한 일들을 친구와 이웃, 가족에게 전하고 싶어 안달이

났던 것 같습니다. 그래서 나는 구약성경의 부재가, 비록 후대에 기록되었지만 이 이야기들이 지닌 형태의 매우 초기의 고정된 구전 전통이라는 것을 보여 주는 하나의 증거라고 생각합니다. 그런 비범한 이야기들은 일단 발설하기 시작하면(그리고 그런 특별한 경험을 했다면 분명히 몇 번이고 같은 이야기를 반복해서 하게 됩니다), 금세 고정된 형태를 얻기 마련입니다. 우리도 같은 일화를 두세 번 반복하다 보면, 한 가지 특정 형태로 굳어지지 않습니까! 부활 이야기들은 다른 복음서 저자들에 의해 약간 편집되긴 했지만, 각각은 애초에 그 이야기가 전해졌던 네 가지 방식을 상당히 밀접하게 반영하고 있습니다.

부활 이야기의 두 번째 이상한 특징은 여성이 주요한 증인으로 등장한다는 점입니다. 우리가 좋아하든 싫어하든, 고대 세계에서 여성은 신뢰할 만한 증인으로 여겨지지 않았습니다. 부활 전승이 자체적으로 정립되는 시기를 거친 이후를 보면, 고린도전서 15장의 첫 번째 단락에 반영되어 있듯이 여성들의 이름은 조용히 사라졌습니다. 당시 세계에서 공적인 변론을 할 때, 이 놀라운 사건의 주된 증인이 여성이며, 특히 막달라 마리아 같은 특이한 이력을 가진 사람이라는 사실은 매우 당혹스러운 요소였을 것입니다. 하지만 사복음서의 이야기 모두에 그 여성 증인들은 중심인물로 전면에 등장합니다. 그들은 예수님이 죽은 자 가운데서 부활하셨다는 사실을 다른 사람에게 처음으로 전한 사람들, 즉 최초의 사도들이었습니다. 이 책의 앞부분에 언급된 내용과 함께 생각해 보면, 부활 전승은 바울이 고린도전서에서 인용한 전승에서 볼 수 있는 남성만 포함된 형태로 시작되었고 나중에 상당히 다른 형태들로 발전되어 지금 복음서들에서 볼 수 있는 네 가지의 여성 중심적 이야기가 되었다는 가정은 전혀 신빙성이 없습니다. 다시 말해, 복음서의 이 이야기들이 아주 초기의 형태로 보입니다.

유대교 부활 신앙의 세 번째 변형과 함께 나타나는 세 번째 이상한 특징은 예수님 자신에 대한 묘사입니다. 지난 세기 동안 많은 사람이 복음서 이야기가 다음과 같은 단계로 발전되었다고 애써 설명하려 했습니다.

첫째, 예수님의 죽음 이후 사람들은 비탄에 휩싸인 나머지 자신들이 무슨 생각을 하는지도 모를 정도였다. 둘째, 그들은 점차 새로운 영적인 감각, 즉 예수님의 대의가 계속된다는 새로운 믿음을 갖게 되었다. 셋째, 이 새로운 종교적 경험에서 출발해 점차 성경을 탐구해 나가기 시작했다. 넷째, 그 탐구로부터 (그리고 그 탐구 이후에야 비로소) 그들의 경험을 표현하기 위한 부활의 언어를 가져와 사용하기 시작했다. 마침내 1세기 말 일부 사람들이 실제 부활에 관한 이야기를 만들어 내기 시작했는데, 이것은 초대교회는 상상도 못했던 내용이었다.

이렇게 제안된 발전 과정의 정점은 (이 이론에서는 아마도 1세기 말엽에 마지막으로 집필된 복음서들로 추정되는) 누가복음과 요한복음의 저자들이 부활한 예수님이 정말로 물리적 존재, 실제로 몸을 입은 존재였다는 사실을 강조하려는 마음에 그분이 생선구이를 먹고 해변에서 아침 식사를 요리하고 손으로 만질 수 있는 존재였다는 등의 이야기를 만들어 냈다는 주장입니다.

문제는 이야기의 발전에 관한 이 제안이 유대인의 관점에서도 매우 이상하다는 것입니다. 초기 그리스도인들이 성경을 연구해서 이를 바탕으로 부활 이야기를 만들어 냈다면, 그들은 부활한 예수님을 별처럼 빛나는 모습으로 그려야 했습니다. 결국 다니엘 12장처럼 인기 있는 본문은 죽은 자 가운데서 살아난 사람들을 그렇게 묘사합니다. 하지만 그들은 부활한 예수님을 그렇게 묘사하지 않았습니다. 그들은 변화산 사건의 예수님은 어떤 이유에서인지 그런 모습으로 묘사했지만, 부활 이야기들에서는 그 어디에도 그런 모습의 암시조차 없습니다. 실제 부활 이야기에서 예수님은 여느 육체와 다를 바 없는 몸을 가진 인간으로 나타납니다. 그래서 그분을 동산지기나 길을 가던 다른 여행자로 착각합니다. 게다가 그 이야기들은 예수님의 육체가 탈바꿈되었다는 확실한 징후도 담고 있습니다. 이야기를 만들어 냈더라도 아무도 이런 식으로 만들어 내지는 않았을 것입니다. 그 육체는 분명히 물리적인 몸이었습니다. 말하자면 그 몸은 십자가에 못 박힌 육체의 물질을 사용했고, 그래서 무덤이 빈 것입니다. 하지만 동시에 그 몸은 닫힌 문을 통과하고, 사람들이 늘 그 몸을 알아보지는 못하며, 결국에는 하나님의 공간으로 완전히 사라집니다(이것이 우리가 '천국'을 생각해야 하는 방식입니다).

이것은 선례가 없는 이야기입니다. 어떤 성경 본문도 부활이 이런 종류의 몸을 포함할 것으로 예측하지 않습니다. 이전의 어떤 사변적인 신학도 복음서 저자들이 이렇게 흥미로운 다른 그림을 따라 그릴 만한 단서가 될 길을 놓지 않았습니다. 특히 이 사실에 비추어 반드시 종지부를 찍어야 할 오래된 터무니없는 주장이 있는데, 그것은 가장 분명하게 부활의 육체성을 강조하는 누가복음과 요한복음의 이야기가 1세기 말에 가현설(예수님이 실제 인간이 아니라 단지 인간처럼 보였을 뿐이라는 관점)에 맞서기 위해 기록되었다는 주장입니다. 물론, 우리가 가진 자료가 예수님이 생선구이를 먹고 도마에게 만져 보라고 권유하는 장면뿐이었다면, 누가와 요한이 말하려고 했던 것은 "보세요! 부활한 예수님은 정말로 튼튼한 육체를 지닌 사람이었습니다!"였다고 생각할 수도 있습니다. 하지만 바로 그 이야기들 속의 예수님은 나타났다가 사라지고, 닫힌 문을 통과해 지나가며, 마침내는 하늘로 올라가십니다. 이 이야기들은 매우 특이하며, 이토록 특이한 형태의 이야기는 누군가가 만들어 냈을 만한 종류가 아닙니다. 도리어 복음서 저자들은 그것을 묘사할 만한 적절한 언어가 없었던 현실을 어떻게든 그려 내려고 고군분투한 것으로 보입니다.

 부활 이야기의 네 번째이자 마지막 이상한 특징은, 나를 비롯한 다른 이들이 자주 전하는 많은 부활절 설교들을 의문에 빠뜨릴 수 있는 점인데, 바로 그리스도인의 장래 희망에 대한 언급이 전혀 없다는 것입니다. 신약성경에서 예수님의 부활을 이야기하는 대부분의 다른 본문은 우리 자신의 장래 부활도, 즉 예수님이 부활하신 것처럼 우리도 부활할 것이라는 마지막 희망도 이야기합니다. 하지만 복음서들은 전혀 그런 이야기를 하지 않습니다. 말하자면 "예수님이 다시 살아나셨으니, 죽음 이후의 삶이 있는 것입니다"(물론 1세기의 많은 유대인은 사후의 삶이 있다는 사실을 의심하지 않았습니다)라든지, "예수님이 다시 살아나셨으니, 우리도 죽으면 천국에 갈 것입니다"(대부분의 사람이 어쨌든 그렇게 믿습니다만)라든지, "예수님이 다시 살아나셨으니, 우리도 종국에는 다시 살아날 것입니다"라는 이야기를 복음서는 전혀 하지 않습니다. 도리어 부활 사건에 관한 마태복음, 마가복음, 누가복음, 요한복음의 해석에 한정하자면, 그 사건은 지금 여기에서 일어나는 것들과 관련된 매우 '현세적인' 의미를 지닙니다. 복음서들이 말하는 바는 "예수님이 다시 살아나셨으므로, 그분은 메시아이시고, 온 세상의 진정한 주님이시며, 따라서 그분을 따르는 우리에게는 해야 할 일이 있습니다. 우리는 온 세상에 그분의 주되심을 알리는 전령의 역할을 해야 합니다"입니다. "예수님이 다시 살아나셨으니, 하늘을 계속해서 올려다봅시다. 왜냐하면 언젠가 당신도 그분과 함께 그곳에 갈 것이기 때문입니다"가 전혀 아닙니다. 많은 찬송가와 기도문, 기독교의 설교는 부활절 이야기를 그런 방향으로 끌고 가려고 노력했지만, 복음서 자체의 사고 흐름은 "예수님이 다시 살아나셨으니, 하나님의 새로운 세계가 시작된 것이며, 따라서 우리와 여러분 그리고 다른 모든 사람은 그 새로운 세상의 수혜자일 뿐만 아니라, 그 세상을 만드는 참여자가 되도록 초대받았습니다"라고 말합니다.

그렇다면 실제로 무슨 일이 일어났으며, 우리는 그것을 어떻게 알 수 있는가?

복음서의 부활 이야기에 대해 더 할 말은 넘치지만, 이제 중요한 다음 두 질문에 답하는 것으로 이야기를 마무리하고자 합니다. 그렇다면 실제로 무슨 일이 일어났다고 말할 수 있을까요? 그리고 그것을 어떻게 알 수 있을까요? 확정된 역사적 사실로 보이는 내용으로 시작하겠습니다. 우리가 관찰해 온 현상을 설명할 수 있는 유일한 방법은 다음 두 가지를 가정하는 것입니다. 첫째, 예수님의 무덤이 실제로 비어 있었다는 것, 둘째, 제자들이 예수님을 단순히 유령이나 환상이 아님을 확신할 수 있는 방식으로 실제로 만났다는 것. 이 두 가지 내용에 대한 추가적인 설명을 해

보겠습니다.

먼저, 제자들이 예수님을 만났거나 예수님을 만난 것으로 생각했던 사람을 봤다고 가정해 봅시다. 이 사실 자체만으로는 지금 우리가 가지고 있는 복음서의 이야기들이 만들어지지 않았을 것입니다. 고대 세계에서는 사람들이 죽은 사람을 만나는 이상한 경험을 하는 것을 당연하게 여겼습니다. 그들도 적어도 우리만큼은 환상, 유령, 꿈에 대해 알았고, 사망한 지 얼마 안 된 대상을 애도하는 동안 때때로 고인의 모습을 일시적으로 보기도 한다는 사실을 알고 있었습니다. 이것은 현대의 발명이나 발견이 아닙니다. 고대 문헌에도 그런 내용은 많습니다. 그들은 그런 유형의 현상에 사용하는 언어를 가지고 있었지만, 그 언어는 '부활'이 아니었습니다. 그들은 이런 상황을 천사를 만난 체험으로 묘사했습니다.

이를 보여 주는 사례가 사도행전 12장입니다. 이 본문에서 베드로는 감옥에 갇혀 있었고, 헤롯이 베드로를 죽이려는 상황에서 제자들은 베드로의 안전을 빌며 밤새 모여 기도하고 있었습니다. 그런데 놀랍게도 베드로가 기적적으로 감옥에서 풀려나 제자들이 기도하던 집으로 찾아왔고, 문을 두드렸습니다. 그런데 믿음에 충만했던 제자들은 문을 두드린 사람이 진짜 베드로라고 믿을 수 없었습니다! 문을 두드리는 소리에 대답하러 나간 여자아이 로데는 베드로의 음성에 흥분한 나머지 문을 열어 주는 것도 잊은 채 그가 밖에 와 있다는 소식을 전하러 달려 들어갔습니다. 모여 있던 사람들은 그 아이가 미쳤다고 반응했지만, 그 아이는 정말로 베드로가 맞다고 주장했습니다. 그러자 그들은 문을 두드린 것이 베드로의 '천사'일 것이라고 단정했습니다. 그들은 무슨 일이 일어났다고 생각한 것일까요? 아마 베드로는 감옥에서 살해당했고, 문을 두드린 것은 천사의 그림자 같은 '영적' 존재가 사후에 방문한 것이라고 생각했을 것입니다. 베드로와 같은 존재, 또는 베드로를 대변하는 존재가 작별 인사를 위해 잠깐 방문한 것이 틀림없다고 생각한 것입니다. 이런 생각은, 다음 날 베드로의 시신을 가져다 장례를 치르기 위해 감옥으로 간 행동과도 완벽하게 양립할 수 있습니다. 다시 말해, 예수님을 닮은 누군가를 만난 경험이 아무리 강렬했더라도 빈 무덤이 없었다면 그 존재는 틀림없이 '천사'였다고 사람들은 말했을 것입니다. 하지만 사람들은 그 존재를 '천사'라고 말하지 않았습니다. 그들은 예수님이 죽은 자 가운데서 다시 살아났다고, 그분은 더 이상 죽은 상태가 아니라 살아 있다고 말했습니다.

마찬가지로 예수님을 목격했다는 증언도 없이 빈 무덤이란 상황만 있었다면, 아무것도 증명할 수 없었을 것입니다. 도굴은 흔한 일이었고, 군인, 경비병, 정적들의 소행 등 온갖 설명을 갖다 붙일 수 있었을 것입니다. 빈 무덤과 더불어 예수님 본인을 직접 목격하고 만났다는 보고가 없었다면, 사람들은 그런 설명에 단번에 동조했을 것입니다.

얼마 전 나는 부활에 관한 책을 쓰고 있었는데, 친구가 갑자기 찾아와서 무슨 책을 쓰고 있는지 물었습니다. 그래서 '부활'이라고 대답했습니다. 그러자 그가 즉시 말했습니다. "내가 늘 가지고 있던 견해를 말해 줄게. 당시에는 부활이란 개념이 널리 퍼져 있었을 거야. 그런데 제자들은 예수님의 참혹한 죽음과 패배에 너무 괴로웠어. 그래서 그들의 슬픔에 대처하는 방법으로 대충 부활이란 범주에 도달한 거야." 하지만 이런 이야기는 1세기에 일어난 일에 대한 역사적 설명으로는 터무니없습니다. 앞서 말했듯이 우리는 모든 사람이 희망을 걸었던 지도자가 살해당한 다른 여러 운동을 알고 있습니다. 하지만 어느 지점에서도 우리는 그런 운동들 가운데서 지도자를 잃은 슬픔을 극복하기 위해 무언가 영광스러운 일이 그들에게 일어났다는 이야기를 지어내는 모습을 발견할 수 없었습니다. 소위 인지부조화라 불리는 축복받은 20세기의 질병을 1세기의 그들이 겪었다는 증거를 찾을 수 없었다는 말입니다. 그런 설명은 역사로서는 불충분합니다.

마찬가지로 루돌프 불트만(Rudolf Karl Bultmann)에서 에드바르트 쉴레벡스(Edward Schillebeeckx)에 이르기까지 많은 신학자가 제공한 설명도 불충분합니다. 쉴레벡스는 제자들이 무덤을 찾아갔을 때 그들의 마음이 빛으로 충만했기에 그곳에 육체가 있었는지는 중요하지 않았다고 주장했습니다. 이 시점에서 쉴레벡스는 1세기를 탐구하는 역사가이기를 멈추고 20세기의 환상주의자가 되어 버립니다. 1세기의 일반인도 사람의 마음이 빛으로 충만하다는 것이 무엇인지 잘 알고 있었습니다. 그들에게도 이런 의미를 표현하는 언어가 있었습니다. 시편이나 영성 전통이 그런 언어입니다. 하지만 이런 언어는 어떤 사람이 죽은 자 가운데서 다시 살아났다고 말하는 것과는 아무 관련이 없었습니다.

사람들은 종종 이런 종류의 논의에 대해 지나치게 '사실'에만 집중하는 것이 아니냐, 종교적 언어의 상당 부분이 실제로는 비유와 믿음에 관한 것이 아니냐며 불만을 제기합니다. 종교적 언어에서 비유는 필수이며 믿음이 여전히 핵심이라는 것은 당연히 맞는 말입니다. 하지만 유대교와 기독교의 핵심은 창조에 초점을 맞춘다는 점입니다. 즉 그들이 믿는 하나님은 공간과 시간, 물질의 세계를 만들었고 그것을 되찾길 원하는 신입니다. 따라서 현실 세계에서 실제로 일어나는 일이 정말로 중요합니다. 누군가 길거리로 나오더니 교회 회계 담당자가 돈을 가지고 달아났다고 소리칠 때, "비유적인 의미에서 하는 말인가요?"라고 묻는 것은 적절하지 않습니다. 우리가 알고 싶을 내용은 실제로 교회 회계 담당자가 돈을 가지고 달아났는지 여부입니다. 성경을 읽는 법을 배울 때 중요한 내용 중 하나가, 비유가 나오면 그 본문은 비유로 취급해야 한다는 것입니다. 탕자 비유의 '진리'는 그런 일이 실제로 발생했는지 증명하는 능력에 달린 것이 아닙니다. 역으로 성경을 읽는 법을 배울 때 마찬가지로 중요한 내용은 저자의 의도가 실제 일어난 일을 표현하는 부분에서는 그 본문을 비유로 취급하면 안 된다는 것입니다. 만약 예수님이 갈릴리에서 폐렴으로 사망했다는 사실이 증명된다면, 십자가 이야기의 '진리'는 완전히 훼손될 것입니다. 물론 십자가형이 고대인과 현대인의 마음속에 온갖 비유적 울림을 불러일으킨다 해도 말입니다. 부활 이야기의 '진리'도 마찬가지입니다. 부활이 일어나지 않았다면, 그것은 진리가 아닙니다. 예수님의 부활에 관한 진리가 비유와 상징의 세계에서 그 자체의 울림들을 일으킨다고 해서, 예수님의 부활이 그런 울림들로 축소될 수 있다는 의미는 아닙니다. 우리는 비유를 비유로 읽는 법과 역사적 내러티브를 역사적 내러티브로 읽는 법, 이 두 가지 기술 중 하나만이 아닌 둘 다를 배워야 합니다.

이런 내용들은 우리를 궁극적인 질문으로 인도합니다. 나는 빈 무덤 사건과 몇몇 사람들이 예수님을 만난 사건이 역사적 자료로서 확고하게 정립되었다고 믿습니다. 그 사건들이야말로 그 부활절 이야기들에 대한, 그리고 유대교의 부활 관련 믿음 내부에서 매우 신속하게 발전한 기독교적 변이들에 대한 유일한 설명이기 때문입니다. 그렇다면 이 자료들을 어떻게 설명할 수 있을까요? 역사학자들이 자주 채택하는 방식은 자료들에 대한 최선의 설명을 추론해 내는 것입니다. 내가 고고학자인데, 고고학 유적지에서 독특한 패턴을 지닌 어떤 디자인의 기둥을 두 개 발견했고, 그 두 기둥에서 이전에 아치가 연결되어 있던 흔적을 확인했다고 칩시다. 그러고 나서 교과서를 찾아보니 그런 기둥에는 보통 어떤 종류의 아치가 있었다는 것을 알게 되었습니다. 그리고 운이 좋게도 유적지를 더 뒤지다가 책에 나오는 것과 똑같은 아치를 발견했습니다(치수와 모든 것이 같습니다). 그렇다면 게임은 끝난 것입니다. 가설이 맞았고, 이 기둥은 실제로 그런 아치를 지지하고 있었던 것이라고 말할 수 있습니다. 우리는 최선의 설명을 추론해 낸 것입니다. 즉, 그 아치가 실제로 그 기둥들 위에 놓여 있었다는 것입니다.

이런 이야기를 한다고 해서 예수님이 부활했다는 실제 '증거'까지는 아니겠지만, 그래도 나는 다음과 같이 주장하고자 합니다. 그 두 기둥(빈 무덤 이야기와 부활한 예수님을 만난 이야기)이 지탱하고 있었을 것으로 학자들이 제안해 온 다른 가능한 아치들을 모두 조사하고 나면, 이 현상을 그나마 설명할 수 있는 제안은 다음 하나밖에는 남지 않는다는 것입니다. 즉, 나사렛 예수가 실제로 사흘 만에 죽은 자 가운데서 부활했고, 그 결과 빈 무덤이 남겨졌으며, 예수님은 새로운 몸을 입은 상태로 부활했다는 것입니다. 말하자면, 죽음을 통과해서 그 너머에 있는 짧은 '죽음 이후의 삶' **이후의** 새로운 육체적 삶으로 빠져나온 것입니다. 물론 이 이야기들은 비트겐슈타인의 부지깽이 사건 이야기처럼 표면상의 불일치를 보이지만, 그런 불일치는 목격자들의 이야기에 흔히 나타나는 현상입니다. 불일치가 있다고 해서 아무 일도 일어나지 않았다는 의미는 아닙니다. 오히려 일어난 일이 너무 강력하고 극적이어서 사람들이 곧장 흥분되고 혼란스러운 이야기를 만들어 냈다는 의미로 보아야 합니다.

다시 말하지만, 이런 설명이 예수님의 부활에 대한 (이른바) 수학적 증명이 될 수 있다고 주장하는 것이 아닙니다. 일부 신학자들은 이런 이야기를 들으면 매우 초조해합니다. 누군가 부활절에 일어난 일을 설명하기 위해 계몽주의 역사학을 동원한다고 하면, 그 사람은 계몽주의 역사학 자체를 하나님으로 여기고 모든 것을 그 틀에 억지로 끼워 맞추려 한다고 상상합니다. 내가 지금 하는 것은 그런 작업이 아닙니다. 이 지점에서 우리가 직면한 문제는 세계관 이슈이며, 그런 문제에 중립 지대는 없습니다. 역사적 논증만으로 예수님이 죽은 자 가운데서 부활했다고 믿도록 강요할 수는 없지만, 역사적 논증은 다양한 종류의 회의론이 숨어 있는 덤불을 걷어 내는 데 놀랄 정도로 유용합니다. 예수님이 죽은 자 가운데서 육체적으로 부활했다는 주장은 초기 기독교의 핵심에 자리한 역사적 자료를 설명하는 데 독보적인 힘을 발휘합니다. 이런 주장이 세계관 수준에서 개인적, 사회적, 문화적, 정치적으로 여전히 매우 도발적인 내용이라는 것은 분명하지만, 그렇다고 해서 이 질문을 진지하게 받아들이는 것을 미루어서는 안 됩니다.

마지막으로 더 넓은 관점에서, 지난 200년 동안 회의론은 예수님의 부활이 실제로 일어났다는 주장을 유행에 뒤떨어지고 심지어 창피한 이야기로 만들었는데, 나는 그런 풍조가 결코 사회학적으로나 정치적으로 중립적인 입장이 아니었으며 지금도 그렇지 않다는 확신을 갖게 되었습니다. 계몽주의는 일종의 지적 쿠데타를 일으켰고, 이제 우리는 죽은 사람이 다시 살아나지 않는다는 새로운 증거를 확보했다는 확신을 많은 사람에게 주었습니다. 그런데 이런 주장을 호메로스 같은 과거의 사람들이 당연하게 여겼던 것을 재확인한 내용이 아니라, 마치 현대의 발견인 것처럼 내세웠습니다. 이 제안, 그 쿠데타는 계몽주의가 주장했던 다른 내용들과도 맞물려 있는데, 특히 다음 주장이 그렇습니다. 말하자면, 우리는 이제 성년에 이르렀고, 더 이상 신이 필요 없으며, 신을 신성한 천국으로 쫓아낼 수 있고, 종교와 영성은 우리의 고독으로부터 신의 고독으로 도피하는 것이며, 따라서 우리는 이 세상을 스스로 운영하고 외부의 간섭 없이 우리를 위해 세상을 개척해 나갈 수 있다는 주장입니다. 이것이 바로 계몽주의의 제안이었습니다. 예수님의 육체적 부활을 부정하는 태도는 이러한 사회적, 문화적, 정치적 의제와 맞물려 있었습니다.

그 정도로, 지난 세기의 전체주의는 사상과 문화의 더 거대한 전체주의가 다양하게 발현된 모습 중 하나였을 뿐이고, 이제 그 더 거대한 전체주의에 대항해 포스트모더니즘이 결정적인 반기를 든 것입니다. 죽은 자가 다시 살아나기를 원치 않는 자들은 결국 누구일까요? 단지 지적으로 소심한 사람들이나 합리주의자들은 아닙니다. 과거에도, 현재에도 그런 사람들은 권력을 소유한 사람들입니다. 즉 사회적, 지적 폭군과 불량배들 그리고 폭군들의 마지막 무기인 죽음을 물리친 세상의 주님께 위협을 받게 될 카이사르 그리고 예수님이 죽은 후에 유대인의 왕으로 인정되는 모습을 보고 경악하게 될 헤롯 같은 사람들 말입니다. 여기서 오스카 와일드(Oscar Wilde)의 희곡 『살로메』(Salomé)의 멋진 장면이 떠오릅니다. 리하르트 슈트라우스(Richard Strauss)는 이 희곡을 바탕으로 동명의 오페라를 작곡했습니다. 그 희곡에서 헤롯은 나사렛 예수가 이곳저곳을 돌아다니며 사람들을 고치고 죽은 자를 살린다는 보고를 받습니다. 예수님이 사람들을 고치고 다닌다니 헤롯은 기뻤습니다. 누군가 사람들을 고쳐 준다는 것은 좋은 소식입니다. 하지만 예수님이 죽은 자를 살린다는 이야기에 헤롯은 경악했습니다. 헤롯은 이렇게 반응합니다. "나는 그자가 그런 행동을 하는 걸 바라지 않는다. 그 행동을 하지 못하게 금지해야겠다. 죽은 자를 살리는 행위는 아무에게도 허락할 수 없다. 반드시 그자를 찾아서, 죽은 자를 살리는 행동을 내가 금했다고 전해라." 여기서 자신의 권력이 위협받고 있음을 알아차린 폭군의 엄포를 확인할 수 있습니다. 세상을 자신들에게 유리하게 분할하고자 하는 정치인들뿐만 아니라 그런 여정을 함께 해 온 지적 전통들에서도 그와 같은 목소리를 들을 수 있습니다. 그런데 와일드의 다음 대사는 헤롯과 마찬가지로 우리에게도 진짜 핵심입니다. "그자가 어디 있느냐?"라고 헤롯은 따져 묻습니다. 그러자 신하가 대답합니다. "그자는 어디에나 있습니다. 하지만 왕이시여, 그를 찾아내기가 어렵습니다."

더 읽을거리

Segal, Alan F. *Life after Death: A History of the Afterlife in Western Religion*. New York: Doubleday, 2004.

Wright, N. T. *The Resurrection of the Son of God*. Christian Origins and the Question of God. Vol. 3. London: SPCK/Minneapolis: Fortress, 2003. 『하나님의 아들의 부활』(박문재 옮김, 2014, CH북스).

_____. *Surprised by Hope: Rethinking Heaven, the Resurrection, and the Mission of the Church*. London: SPCK, 2007/San Francisco: HarperOne, 2008(특히 3-4장). 『마침내 드러난 하나님 나라』(양혜원 옮김, 2009, IVP).

고대 문헌 찾아보기

구약

창세기
23:4-19 82
50:4-14 82
50:10 79
50:22-26 82

출애굽기
15:18 61
15:20 89
24:8 32

레위기
15:1-2 81

민수기
6:6-8 86
11:33-34 82
35:34 89

신명기
14:2 89
21:22-23 57, 82, 87, 88, 90
21:23 103
28:25-26 83

여호수아
24:32 82

사사기
11:34 89

사무엘상
31:12-13 82
31:13 79

사무엘하
2:5 82
21:12-14 82

23:1 34

열왕기상
1:32-40 23
8:41-43 24
11:15 82
14:11 83
21:23-24 83
21:24 83

열왕기하
9:33-37 83

시편
2편 39
22:1 62
22:22 62-63
22:24 62-63
22:30-31 62-63
79:2-3 83

110:1 42
118:19-27 23

이사야
5:1-7 26
56:7 24

예레미야
7장 25, 26
7:11 25
7:33 83
7:34 25
8:2 83
14:6 83
16:4 83
20:6 83
22:19 83
25:33 83
31:31 32

에스겔
29:5 83
37장 142
39:11-16 82
39:14 87
39:16 87

다니엘
7:13 42
12장 124, 137, 140, 153
12:1-3 33

호세아
6:2 34

스가랴
9:9 23
9:11 32
13:7 33

신약

마태복음
9:23 78
10:17 58
11:2-6 27
11:2-15 30
16:21 34
19:28 21
23:34 58
23:37-39 33
26:57 40
27:11 43
27:15-23 45
27:19 36
27:24 36, 49
27:25 36
27:34 60
27:35 61
27:37 59
27:45 62
27:59 78
27:65-66 114

마가복음
1:15 21
3:11 21
3:22-27 21
6:14-29 30, 104
8:31 29, 34
8:31-33 21
8:34 31, 58
9:9 141
9:11-13 30
9:13 30
9:31 29
10:32-34 29
10:35-40 21
11:1-10 23
11:15-18 24
11:17 41
11:27-33 26
12:1-12 26, 41
12:18-27 34
13:1 76
13:1-2 36, 41
14:3-9 26
14:10-11 27, 39
14:22-25 31
14:33-36 31
14:43 39
14:43-45 39
14:43-50 35
14:53 35, 40
14:54 35
14:55-56 36
14:57-58 36

14:58 41
14:61 41
14:61-64 36
14:62 42
14:63-65 42
14:65 52, 64
15:1 36
15:2 43
15:2-14 36
15:6-15 45
15:11 49
15:11-15 48
15:14 49
15:15 36, 50, 58
15:17-19 52
15:18 43
15:18-19 52
15:21 58
15:23 52, 60
15:24 61
15:26 43, 59
15:29 64
15:32 64
15:33 62
15:36 64
15:37 65
15:39 65
15:42-46 112
15:42-16:4 116
15:47 74, 113
16:1-4 74
16:1b-2 114
16:3 114

16:4 115
16:4b 115

누가복음
7:12 78
7:18-23 27
9:22 34
10:17-19 21
11:20 21
13:34-35 33
16:19 54
19:41-44 33
22:20 32
22:28-30 21
22:54 40
23:2 37
23:3 43
23:5 37
23:6-12 37
23:18-25 45
23:20-25 37
23:34 61
23:36 52
23:38 59
23:43 122, 132
23:44 62
23:46 63
23:53 78

요한복음
2:19 41
2:20 76
11:1-44 81

11:24 133
11:39 81
11:44 78
12:32 38
12:34 68
14:2 132
17장 31
18:3 39
18:12-13 37
18:13a 40
18:13b 40
18:19 40
18:22-23 37
18:24 37, 40
18:28 37
18:29-38 37
18:31-32 38
18:33 43
18:36 37
18:38 37
19:10-12 45
19:19 59
19:23-24 61
19:28-29 60
19:30 63
19:39-40 78
19:40 78

사도행전
2:14 38
2:22-23 38
3:13-15 38
4:27-28 39

5:6 78
9:37 78
12장 157
13:27-28 39
18:12-17 50
24:1 48

로마서
1:16 21
8:9-11 139
11:15 143

고린도전서
11:23-25 31
15장 137, 150, 151
15:3-4 74
15:3-5 18
15:4 34, 116
15:44 137
15:50 139

빌립보서
1:23 132
2:7-8 68
2:15 140

디모데전서
6:13 39

외경과 위경

바룩2서
(*2 Baruch*)
21:23 33
30:2-5 33

에녹1서
(*1 Enoch*)
22-27 33
92-105 33

에스라4서
(*4 Ezra*)
7:26-42 33

희년서
(*Jubilees*)
23:11-31 33

마카베오1서
(*1 Maccabees*)
6:44 32
10:20 54
10:62 54
11:58 54
14:43-44 54

마카베오2서
(*2 Maccabees*)
7장 136
7:14 33
7:23 33

7:29 33
7:33 33
7:37-38 33

마카베오4서
(*4 Maccabees*)
1:11 32
6:1-30 55
7:3 33
8-17 33
17:21-22 32
18:3-4 32

솔로몬의 시편
(*Psalms of Solomon*)
17:2 66-67
17:22 66-67
17:24 66-67
17:26 66-67
17:27 66-67
17:30 66-67

위 필로
(*Pseudo-Philo*)

성경 고대사
(*Biblical Antiquities*)
18:5 32

모세의 유언
(*Testament of Moses*)
9-10 32

토비트
(*Tobit*)
1:18 84
1:18-20 84
2:3-8 84
4:3-4 84
6:15 84
14:10-13 84

사해 사본

1QM
전쟁 두루마리
(War Scroll)
7:2-3 89
19:9-14(=4Q492 f1.8-13) 88-89

4Q163
이사야 페쉐르
(*Isaiah Pesher*)
f25iii.1-3 89

4Q169
나훔 페쉐르
(*Nahum Pesher*)
f3-4i.6-8 88, 101
f3-4i.7 57

4Q282i 88

4Q285
전쟁 규칙
(Rule of War) 89
f7.1-6 89
f10.4-6 89

4Q500
축도
(*Benediction*) 26

4Q521
메시아 묵시록
(*Messianic Apocalypse*) 27

4Q524
f14.2-4 87-88

11QT
성전 두루마리
(Temple Scroll)
48:10-14 89
64:7-13a 87

요세푸스

아피온 논박
(*Against Apion*)
2.73 104
2.205 85
2.211 85

유대 고대사
(*Jewish Antiquities*)
12.255-256 101
13.380 57, 101
14.36 44
15.373 44
15.390 76
15.399 76
15.409 44, 59
15.61 78
16.291 44
17.196-199 78
17.200 79
17.204 45
17.295 102
18.14 33
18.16 33
18.18 33
18.63-64 20
18.119 104
18.264-273 48-49
20.102 102
20.129 102
20.197-203 97
20.205-207 40
20.213 40
20.219 76

유대 전쟁사
(*Jewish War*)
1.97-98 57
1.282 44
1.594 83

2.75 102
2.154 33
2.165-166 33
2.220 104
2.241 102
2.253 102
2.306 58, 102
4.317 103
4.331 103
4.360 103
4.383 103
5.289 102
5.449 102
5.450-451 61
5.518 103
5.531 103
6.300-305 25
6.304 58
7.26-27 77
7.203 61

요세푸스의 생애
(Life of Josephus)
420-421 61, 105

필론

요셉에 관하여
(De Iosepho)
22-23 85
25 86
26-27 86

플라쿠스 반박
(In Flaccum)
36-39 53
83 103

가이우스 사절단에
관하여(De Legatione
ad Gaium)
300 104

랍비 문학

미쉬나
(MISHNAH)

유월절
(Pesahim)
8.6 46

산헤드린
(Sanhedrin)
6.5 80, 113, 116
6.5-6 106, 112
6.6 80, 113

바빌로니아 탈무드
(BABYLONIAN
TALMUD)

메길라
(Megillah)
3b 86

키두쉰
(Qiddushin)
31b 80

예루살렘 탈무드
(JERUSALEM
TALMUD)

메나호트
(Menahot)
13.18-19 40
13.21 40

모에드 카탄
(Moe'ed Qatan)
1.5, 80c 75

다른 랍비 문학

레위기 랍바
(Leviticus Rabbah)
18.1 81

메킬타
(Mekilta)
Shirata §10 61

코헬렛 랍바
(Qoheleth Rabbah)
12:6 §1 81

세마호트
(*Semahot*)
2.13　113
3.2　80
12.1　79
12.9　80
13.7　80, 112, 113, 116

시프레
(*Sipre*)
민수기
(Numbers) §26　86

초기 기독교 문학

디다케
(*Didache*)
9:1-5　31

에우세비우스
(EUSEBIUS)

교회사
(*Historia Ecclesiastica*)
5.1.44　60

세빌랴의 성 이시도루스(ISIDORE OF SEVILLE)

어원학
(*Etymologia*)

5.27.34　61

그리스-로마 문학

아피아누스
(APPIAN)

내전기
(*Civil Wars*)
5.130　54

아리스토파네스
(ARISTOPHANES)

데메테르 축제를 축하하는 여인들
(*Thesmophoriazusae*)
1029　61

키케로
(CICERO)

베레스 반박
(*In Verrum*)
2.5.168　61

쿠르티우스 루푸스
(CURTIUS RUFUS)

알렉산드로스 대왕의 역사(*Historiae Alexandri Magni*)

4.4.17　56

학설휘찬
(*DIGESTA*)
48.19.8.3　58
48.20.1　61-62
48.24.1　61, 105
48.24.3　61, 105

디오 카시우스
(DIO CASSIUS)
6.23　54
44.11　54
54.3.6-7　60
59.25.3　54
64.20-21　54

헤로도토스
(HERODOTUS)
1.128.2　56
3.125.3　56

호라티우스
(HORACE)

편지들
(*Epistles*)
1.16.48　61, 100

유베날리스
(JUVENAL)

풍자시
(*Satires*)
14.77-78 61, 100

리비우스
(LIVY)

로마사(도시 창건으로부터)
(*Books from the Foundation of the City*)
5.13.8 45
29.9.10 100
29.18.14 100

사모사타의 루키아노스
(LUCIAN OF SAMOSATA)

페레그리노스의 죽음
(*The Passing of Peregrinus*)
§11 20
§13 20

페트로니우스
(PETRONIUS)

사티리콘
(*Satyricon*)
111 116

플라우투스
(PLAUTUS)

카르보나리아
(*Carbonaria*)
2 60

밀레스 글로리오수스
(*Miles gloriosus*)
2.4.6-7 §359-360 60

모스텔라리아
(*Mostellaria*)
359-361 92

대 플리니우스
(PLINY THE ELDER)

박물지
(*Naturalis historia*)
28.4 92

소 플리니우스
(PLINY THE YOUNGER)

편지들
(*Epistles*)
10.31 46

플루타르코스
(PLUTARCH)

모랄리아
(*Moralia*)
554A-B 60

폼페이우스
(*Pompey*)
24.7-8 55

위 마네토
(PSEUDO-MANETHO)

아포텔레스마티카
(*Apotelesmatica*)
4.198-200 61, 92
4.200 100

위 퀸틸리우스
(PSEUDO-QUINTILLIAN)

웅변술
(*Declamations*)
274 61

세네카
(SENECA)

대화
(*Dialogue*)
3.2.2 61
6.20.3 61

수에토니우스
(SUETONIUS)

아우구스투스의 생애
(*Life of Augustus*)
13.1-2 61, 100, 116

칼리굴라의 생애
(*Life of Caligula*)
32.2 60

타키투스
(TACITUS)

연대기
(*Annals*)
6.29 62
15.44 20

파피루스와 비문

라틴어 비문 모음집
(Corpus Inscriptionum Latinarum, CIL)
IV.2082 92

피렌체 파피루스
(Florence Papyri)
61 45

루브르 파피루스
(Louvre Papyri)
68 55

주제, 인명, 지명 찾아보기

가나안 82
가롯 유다 27-28, 39
가야바(대제사장) 35, 37, 40, 97, 111
가현설 154
갈레노스 136
갈리오(로마의 집정관) 50
갈릴리 51, 110, 127, 161
갈릴리의 유다 102
감람산 39
겟세마네 31, 39
계몽주의 133, 163-164
고린도 50, 131
구레네 시몬 58
기브앗 하미브타르 91, 93, 96
기절설 107

나사로 78, 81, 133
나훔 101
납골함 76-77, 79-80, 96, 98, 108-111
야고보(예수님의 형제)의 납골함 96
예호하난의 납골함 91-93

다윗 23, 66, 82
다윗의 자손/다윗 계열의 왕 23, 28, 66
대 플리니우스 92
데메트리오스 101
도르가 78
도마 154
동정녀 탄생 17, 135

러셀, 버트런드 128
레이크, 커숍 106
로데 157
로마/로마 제국 20, 21-22, 23, 35-38,
　44-46, 48, 50-52, 54-61, 66-68,
　88, 91-106, 113, 131, 144-145

176

루이스, C. S. 133
리비우스(로마의 역사가) 45

마라 바르 세라피온 20
마르다 81, 133
마리아(예수님의 어머니) 17, 113-117, 133
마카베오 순교자들 32
막달라 마리아 81, 113-117, 151
메시아/메시아니즘 26-28, 32, 34, 36, 41, 44, 59, 64-65, 66-68, 143-147, 155
모세 83
무덤
    동탈피오트의 무덤 108-111
    무덤 오류설 106
    베트 쉐아림의 무덤 110
    산헤드린 무덤 109
    여호사밧 무덤 109
    예수님의 무덤 91, 111-117, 135, 149, 154, 156, 158-159, 161-162
    정원 무덤/고든의 무덤 115
    포도송이 무덤 109
    헤롯 가문 무덤 115
    힌놈 계곡 무덤 109

바라바 37, 48-50
바루스(로마의 장군) 101
바리새파 22-23, 39, 57, 132, 134
바울 18, 21, 39, 74, 130, 137-141, 143, 147, 150, 152

반유대주의 35
베냐민 82
베드로(게바) 18, 21, 38, 69, 127, 157-158
베들레헴 108
베이전트, 마이클 107
변화산 사건 141, 153
보그, 마커스 126
본디오 빌라도 17-18, 19-20, 36-39, 43-52, 68, 73, 91, 99, 104, 106, 112, 113
불트만, 루돌프 159
비텔리우스(황제) 54
비트겐슈타인, 루트비히 127-129, 162

사도신경 17-18
사라 82
사마리아 19, 36, 45
사모사타의 루키아노스 20
사울(왕) 79, 82
사탄 21
산헤드린 80, 113
산헤립(왕) 84
살로메 114-117
성전 23-26, 28, 36, 38, 40-41, 64, 76-77, 79, 111, 145
성전 정화 사건 24-25, 41
성찬 제정사 31
세례 요한 27, 30, 104
소 플리니우스 46, 123
솔로몬(왕) 23, 24, 28
쉴레벡스, 에드바르트 159

스코푸스산 95, 110
스퐁. 잭 126
시몬 바르 기오라 144
십자가/십자가형 17-18, 20-22, 28, 30, 31, 36, 38, 43, 49-51, 56-62, 63-65, 67-68, 73, 88, 91-93, 96, 97-105, 112-113, 116, 147, 149, 153, 161

아그리파 1세 53, 104
아나누스(대제사장) 97
아나니아 78
아나니아의 아들 예수 25, 58
아리마대 요셉 78, 112- 113
아브라함 82
아켈라오(분봉왕) 45, 79
아탈루스 60
아합 83
안나스(대제사장) 37, 40
안티오코스 4세 32, 101
알렉산드로스 대왕 56
알렉산드로스 얀나이오스 56-57, 101
알렉산드리아 53
알비누스(로마의 지방 총독) 45, 97
야고보(예수님의 형제) 96-97, 147
야곱 82, 85-86
야베스 82
에베소 131
에우세비우스 60
엘르아잘(순교자) 55
엘리야 30, 63-64
여로보암 83

여리고 77
영지주의 131, 148
예레미야 25, 83-84
예루살렘 19, 23-25, 28, 33, 39, 41, 44, 50-51, 58, 67, 75-77, 94, 97, 99, 101, 102, 103, 105, 108, 109, 111, 115, 127, 144
예루살렘 입성 23, 41
예수님의 기름 부음 26-28
예수님의 재판 35-44, 55, 149
예수님의 체포 29, 35, 39, 55, 149
예수님이 받은 조롱 29, 52-56, 64
예언 23, 29, 41, 68
예호하난 91-94, 97-99, 113
오순절 38
요세푸스 20, 25, 40, 45, 49, 57, 61, 76, 79, 84, 96, 99, 101-105, 144
요셉(마리아의 남편) 133
요셉(야곱의 아들) 79, 82, 85-86
요한(예수님의 제자) 127
유다 32
유대 지방 19-20, 36, 45, 55, 84
유월절 27, 44-48, 86, 106
유월절 사면 36, 45-51
이사야 26
이세벨 83
이집트 19, 82
인자 42, 68, 141

제사장/제사장직/대제사장 24-28, 35-37, 39-42, 47-52, 58, 64, 66, 86, 88-90, 96-97, 99, 101-102, 106,

111

제자들 21-22, 27-28, 31, 34, 49, 51, 58, 59, 69, 73-74, 106-108, 141, 146, 149-150, 156-159
   여성 제자 69, 73-74, 107, 116-117, 151-152
   열두 제자 21-22
지아스, 조 94, 96

천국 17, 121, 125, 132, 146, 154-155, 164

카라바스 53
카이사르(아우구스투스) 23, 37, 52, 54, 65, 104, 147, 165
쿠마누스 102
쿠아드라투스 102
쿰란 문서/사해 두루마리 26-27, 57, 66, 90, 135
크로산, 존 도미닉 148
키케로 61

타키투스 20, 62
토라 궤 110

토비트(기) 83-84, 90
트라야누스(황제) 46, 55
트뤼퐁 68
티베리우스 알렉산드로스(로마의 지방 총독) 102
티투스(로마의 장군) 102, 105, 144

페스투스(로마의 지방 총독) 96
펠릭스(로마의 지방 총독) 102
포퍼, 칼 127-129
플라우투스 92
플로루스(로마의 지방 총독) 102
필론 49, 53-54, 85-86, 99, 104
필리푸스(분봉왕) 109

하나님 나라(하나님의 통치) 21, 28, 32, 48, 69, 139
하나님의 아들 17, 21, 22, 26, 28, 32, 36, 41-42, 44, 65, 68-69
하드리아누스(황제) 55
헤롯 대왕 44, 45, 59, 75-76, 79, 101, 157, 165-166
헤롯 안티파스(분봉왕) 37, 39, 104
헹엘, 마르틴 100
호메로스 123, 164

옮긴이 **최현만**은 청년 시절 톰 라이트를 접하고 하나님 나라에 관한 그의 이야기에 매료되어 그의 저서를 번역하는 일에 뛰어들었고, '에클레시아북스'에서 톰 라이트의 책을 비롯해 다수의 기독교 서적을 번역했다. 정신건강의학과 전문의로 진료 활동을 하면서, 틈틈이 유익한 신앙 서적을 발굴하고 소개하려는 계획을 갖고 있다.

우리 주 예수의 마지막 날들

초판 발행 2025년 3월 27일

지은이 크레이그 에번스·톰 라이트
옮긴이 최현만
펴낸이 정모세

편집 이종연 이성민 이혜영 심혜인 설요한 양지영 박예찬
디자인 한현아 서린나 | 마케팅 오인표 | 영업·제작 정성운 이은주 조수영
경영지원 이혜선 이은희 | 물류 박세율 김대훈 정용탁

펴낸곳 한국기독학생회출판부 | 등록번호 제2001-000198호(1978.6.1)
주소 04031 서울시 마포구 동교로 156-10
대표 전화 (02) 337-2257 | 팩스 (02) 337-2258
영업 전화 (02) 338-2282 | 팩스 080-915-1515
홈페이지 http://www.ivp.co.kr | 이메일 ivp@ivp.co.kr
ISBN 978-89-328-2314-0

ⓒ 한국기독학생회출판부 2025

책값은 뒤표지에 있습니다.
무단 전재와 복제를 금합니다.